多元农业推广合作绩效影响机制分析

——基于邻近性的视角

Analysis on the Impact Mechanism of Cooperative Performance in Multi-agricultural Extension

—— From the Perspective of Proximity

董杲 著

中国农业大学出版社
CHINA AGRICULTURAL UNIVERSITY PRESS
·北京·

图书在版编目(CIP)数据

多元农业推广合作绩效影响机制分析:基于邻近性的视角/董杲著.—北京:中国农业大学出版社,2019.10

ISBN 978-7-5655-2289-5

Ⅰ.①多… Ⅱ.①董… Ⅲ.①农业合作-研究-中国 Ⅳ.①F321.4

中国版本图书馆 CIP 数据核字(2019)第 247345 号

书　　名　多元农业推广合作绩效影响机制分析——基于邻近性的视角

作　　者　董 杲　著

策划编辑　张秀环　　**责任编辑**　张秀环

封面设计　郑　川

出版发行　中国农业大学出版社

社　　址　北京市海淀区学清路甲 38 号　　**邮政编码**　100083

电　　话　发行部 010-62733489,1190　　读者服务部 010-62732336

编辑部 010-62732617,2618　　出　版　部 010-62733440

网　　址　http://www.caupress.cn　　**E-mail**　cbsszs @ cau.edu.cn

经　　销　新华书店

印　　刷　涿州市星河印刷有限公司

版　　次　2019 年 11 月第 1 版　　2019 年 11 月第 1 次印刷

规　　格　787×1 092　　16 开本　　15.5 印张　　210 千字

定　　价　49.00 元

序一

在创新驱动发展的时代，农业推广对农业与农村发展至关重要。农业推广工作的有效开展需要有健全的组织体系和良好的运行机制。目前，我国农业推广中影响较大的组织主要有行政型、教育型、科研型、企业型和自助型这五种类型。然而，各类组织参与形成的多元化农业推广体系仍不健全，各类组织之间缺乏应有的沟通与互动，不能形成有效的组织聚合，严重影响了整个国家农业推广组织体系的运行效率。

合作农业推广既是农业推广事业发展的一个重要趋势，又是现阶段我国亟待研究和解决的一大难题。为此，2012 年至 2015 年，我主持完成了国家自然科学基金项目“合作农业推广中组织间的邻近性与组织聚合研究”（项目批准号 71173219），并于 2016 年出版专著《合作农业推广：邻近性与组织聚合》，董杲博士既是该项目的主要参加人员，也是该专著的主要作者之一。在此之前，学术界相关的研究成果极少。摆在读者面前的这本专著《多元农业推广合作绩效影响机制分析》是董杲博士以其博士论文为基础改写而成的。作者曾经对山东省枣庄市合作农业推广状况进行了深入的实地调查，并在此基础上对合作农业推广领域的很多问题进行了思考和探索，这部著作在研究视角、研究内容和研究方法上均具有一定程度的创新。从组织邻近性视角来研究多元农业推广组织间的合作问题是一个崭新的尝试；通过系统化的路径分析来剖析多元农业推广主体间的组织邻近性是如何影响彼此间合作治理机制的选择进而影响最终的推广合作绩效，这对于多元合作农业推广实践有重要的指导价值；本书在对重要的理论，如邻近性理论、组织际合作理论进行系统研究的基础上，更多地注重实证分析，提升了理论与实践相结合的程度。

本书作者董杲博士是我曾指导过的博士生，他思维敏捷，善于学习，具有较强的观察力和判断力。在硕博连读期间，他全程参与了我主持的国家自然科学基金项目“合作农业推广中组织间的邻近性与组织聚合研究”，本书即是受此课题启发而形成的研究成果。本书内容结构合理，逻辑思路清晰，资料收集和处理方法适当，写作规范，是农业推广领域一本难得的佳作。

在获得博士学位后，董杲博士又进入北京大学政府管理学院从事公共管理领域的博士后研究，主要研究方向是组织行为与组织绩效、人力资源开发与管理。目前，董杲博士就职于中国标准化研究院政府管理创新标准化研究所，主要从事质量管理、政府治理等领域的研究工作。愿董杲博士未来可进一步深入探究农业推广领域的组织聚合问题，构建出更加丰富、多元的理论体系，为我国农业推广事业的发展做出新的贡献！

高启杰

中国农业大学人文与发展学院教授、博士生导师

推广与创新研究中心主任

2019 年 10 月

序二

党的“十九”大报告，把乡村振兴战略列为国家战略，解决好农业、农村、农民的“三农”问题目前已成为全党工作的重中之重。国家出台了《乡村振兴战略规划（2018—2022年）》《国务院关于促进乡村产业振兴的指导意见》等一系列的文件，在加快构建现代农业产业体系、生产体系和经营体系，推动形成城乡融合发展格局，推进农业农村现代化等方面作出了重要部署和要求。在这种背景下，作为推动最新农业科研成果尽快应用于农业生产的农业推广工作，已成为实现农业现代化与乡村振兴的重要手段。

董杲博士对于农业推广问题研究多年，在多元农业推广组织间合作、基层农推广人才激励等领域发表了多篇有价值的研究成果，本书《多元农业推广合作绩效影响机制分析》便是其前一阶段成果的系统展示。

围绕我国多元合作农业推广的实践，本书引入了产业经济领域中新兴的概念——邻近性，一方面试图拓宽基于组织间关系属性层面要素对于合作治理机制选择的解释；另一方面则试图探寻邻近性对于合作绩效产生影响的中间作用机制“黑箱”。全书行文流畅，结构完整，逻辑推理严谨，研究方法合理，反映了董杲博士扎实的学术功底。本书相关结论除对我国合作农业推广实践具有指导意义外，对未来开展组织际研究、合作治理机制研究与邻近性研究等，也具有重要的参考价值。

董杲博士是北京大学公共管理学博士后，我是他的合作导师，他在站期间还开展了基层农技推广人才激励问题的相关研究。多元农业推广组织间的合作，无论如何都离不开农技推广人才的支撑。期待董杲博士未来能够以本书的研究成果为基础，将基层农技推广人才激励研究的相关新成果融入其中，建立起更加丰富与创新的多元农业推广理论体系，成为该领域的"拓荒者"与引领者。

萧鸣政

中国人才研究会副会长

中国人力资源开发研究会专家委员会副主任

北京大学人力资源开发与管理研究中心主任

北京大学政府管理学院 教授、博士生导师

2019 年 10 月于北京大学

内 容 摘 要

经过 30 多年的改革与探索，我国农业推广组织现已形成多元化的雏形。在多元合作农业推广实践中，一些组织间采用技术转让、联合攻关等合作模式，已取得了较好的合作效果。然而现今国内对于多元农业推广的相关研究仍局限于理论探讨多元农业推广体系的构建、不同类型推广组织的优势及内部管理等方面，研究方法较为单一，缺乏相关的实证研究。本书通过构建“组织邻近性—合作治理机制—合作绩效”的分析框架，主要针对行政型、教育型、科研型、企业型和自助型这五种类型的农业推广组织，并以其近年内参与完成的合作推广项目为依托，收集样本数据，目的在于实证探究多元农业推广主体间的组织邻近性是如何影响彼此间合作治理机制的选择，进而影响最终的推广合作绩效的。

本书主要借鉴了管理学界经典的 SCP 分析框架，强调合作农业推广中各类型农业推广主体间组织邻近性特征，在很大程度上决定了组织间合作治理行为的选择，从而影响到最终的推广合作绩效，即组织邻近性会对合作绩效产生基础性的影响，但这种影响更主要是一种间接影响，而组织间的合作治理行为的选择是影响最终合作绩效的直接要素。通过对山东省枣庄市合作农业推广状况的实地调查，在采取便利抽样法的基础上共得到 108 份有效样本。基于样本数据，本书主要采用回归分析方法和结构方程建模的方法实证分析了三个主要变量间的关系假设，得到了以下较为有价值的结论：组织邻近性对关系治理各维度均有显著的正向影响，而组织邻近性仅对契约治理机制中的契约完备性维度有显著正向影响；环境动态性在组织邻近性与关系治理机制间起正向的调节作用，而资产专用则在两者间起负向调节作用；契约治理机制和关系治理机制共同发挥作用时均对合作绩效有显著正向影响，其中关系治理机制的正向影响更大，且对契约治理机制有很大的替代作用；组织间的知识转移在契约治理机制与推广合作绩效之间起到了完全中介作用，而在关系治理机制与推广合作绩效之间起到了部分中介作用；进一步建立起中介模型后可以发现契约治理机制对于知识转移的促进作用不再显著，而关系治理机制在提升组织间知识转移有效性上作用明显。

本书更多地从管理学领域的路径关系视角对合作农业推广实践展开研究，重要的理论创新之处在于：在分析组织间多维邻近性与农业推广组织横向与纵向合作关系的基础上，提炼出合作农业推广中组织邻近性的内涵及主要维度，设计出相关的测量量表并实证检验了其信度、效度和解释力，这丰富了邻近性相关的研究成果；分析并实证检验了组织邻近性对契约治理机制和关系治理机制的直接影响作用，环境动态性、资产专用性在组织邻近性与关系治理机制之间所起到的调节效应以及知识转移在合作治理机制与推广合作绩效间所起到的中介效应，这三组全新的路径关系探究也为未来组织际关系研究提供了新的视角。此外，本书还提出了具体的合作农业推广策略，如应注重组织邻近性在合作推广项目全过程中所发挥的内源性作用；项目实施前应综合考虑合作推广项目的属性特征，选择相匹配的合作治理机制；在推广项目实施过程中，相比于依赖完备性的契约，应更加重视关系治理的作用等，并为深化合作农业推广工作提出长远建议，如提升推广项目的立项水平，构建地区性的长期合作推广网络，增强推广主体间的组织邻近性等。

Abstract

After 30 years of reform and exploration, diversified organizations of agricultural extension have been formed in China. In the practice of diversified cooperative agricultural extension, some organizations which adopt many kinds of cooperation mode, such as technology transfer, collaborative research and development, have achieved good cooperation effects. However, domestic research in the field of diversified agricultural extension is still limited to the theoretical explanation of the construction of the diversified agricultural extension system, the advantage of different types of agricultural organization and their internal management. And the research method is relatively incomprehensive and the relevant empirical research is seldom found. By constructing the analytical framework of "organizational proximity—cooperative governance mechanism—cooperative performance", this study tries to analyze empirically how organizational proximity between agricultural extension organizations influences cooperative governance mechanism and the final cooperative performance, based on the data of cooperative extension projects mainly from the five types of extension organizations including administrative-type agricultural extension organizations, education-based agricultural extension organizations, research-based agricultural extension organizations, business organizations of agricultural extension and self-help agricultural extension organizations..

Based on the SCP analytical framework in the field of management, this study emphasizes that the characteristics of organizational proximity between multiple agricultural extension entities determines the selection of cooperative governance behaviors and affects the cooperative performances in cooperative agricultural extension. Namely the organizational proximity has fundamental impact on the cooperative performances, but it is mainly a kind of indirect effect, and the selection of cooperative governance behaviors between organizations is the core element which directly influences the cooperative performances. Based on the field survey of Zaozhuang, Shandong Province, using the convenience sampling method, a sample of totally 108 cooperative extension projects is studied. On the basis of sample data, the method of regression analysis and structural equation modeling are used to empirically probe the relationship hypothesises among the three main variables. The valuable findings are mainly on the following aspects: Organizational proximity has significant and positive effects on each dimension of relational governance, but only has significant and positive effects on the completeness dimension of contractual governance; the environmental dynamism positively moderates the relationship between organizational proximity and relational governance, and meanwhile the asset specificity negatively moderates the relationship between organizational proximity and relational governance; when the contractual governance and the relational governance are simultaneously emphasized, they all have significant and positive effects on cooperative performance, and the latter has much stronger effect than the former, meanwhile contractual and relational governance will be substitutes rather than complements for their joint effect on cooperative performances; knowledge transfer between organizations completely mediates the relationship between contractual governance and cooperative performance, and meanwhile partly mediates the relationship between relational governance and cooperative performance; further analysis using mediation model reveals that contractual governance is no longer significant in promoting the knowledge transfer, however relational governance has obvious advantages in promoting the effectiveness of knowledge transfer.

This study analyzes the cooperative agricultural extension practices mainly from the perspective of path relationship in the management field, and the contributions are mainly as follows: Based on the analysis of the relationship between multidimensional proximity and the horizontal and vertical cooperation, this study extracted the connotation and main dimensions of organizational proximity in cooperative agricultural extension, further designed the relevant measurement scale and empirically tested its reliability, validity and explanatory power, which enriches the relevant research findings on proximity. This study has analyzed and empirically tested that the organizational proximity has direct effects on the cooperative governance mechanism, the environmental dynamism and asset specificity moderates the relationship between organizational proximity and relational governance, and knowledge transfer between organizations mediates the relationship between cooperative governance mechanism and cooperative performance, the three sets of path relationship provides a new perspective for future research on interorganizational relationship. In addition, This study also put forward the concrete cooperation strategy in agricultural extension, such as paying attention to the endogenous role of organizational proximity in the whole process of the cooperative agricultural extension project, matching the appropriate cooperative governance mechanism according to the synthetically attributes of cooperative extension project before its implementation, emphasizing the role of relational governance in the process of project implementation compared to contractual governance. In addition, this paper also proposes a specific cooperative agricultural extension strategy, such as focusing on the endogenous role of organizational proximity in the whole process of cooperative extension projects; before the implementation of the project, the attributes of the cooperative extension project should be considered comprehensively, and the selection should be matched. In the process of promoting the implementation of the project, compared with the contract that relies on completeness, we should pay more attention to the role of relationship governance. This study also put forward long-term suggestions for deepening the extension of cooperative agriculture, such as raising the level of project extension; establishing regional long-term cooperation extension network, and enhancing organizational proximity among extension subjects.

前言

中国共产党第十九次全国代表大会报告中提出“乡村振兴”战略，指出农业、农村、农民问题是关系国计民生的根本性问题，必须始终把解决好“三农”问题作为全党工作重中之重。为更好地走出中国特色的社会主义乡村振兴道路，2018 年中共中央国务院印发《乡村振兴战略规划（2018—2022年）》，其中重点强调应健全基层农业技术推广体系，创新公益性农技推广服务方式，支持各类社会力量参与农技推广，全面实施农技推广服务特聘计划，加强农业重大技术协同推广。在未来探索中国特色的社会主义乡村振兴道路上，现代农业推广在推进农业农村现代化、提升脱贫质量、增强农业与农村发展活力等方面将会发挥着不可替代的作用。

在这种背景下，本书的出版主要针对现阶段存在的两方面问题：一方面，从现实层面看，经过 30 多年的改革与探索，尽管我国农业推广组织现已形成多元化的雏形，然而目前来看，各类组织之间缺乏应有的沟通与互动，不能形成有效的协同与组织聚合，严重影响了整个国家农业推广组织体系的运行效率。在乡村振兴战略背景下，如何推动在各类型农业推广组织间形成稳定而富有弹性的竞争合作机制从而获得整体的组织聚合效应，亟须提供科学的制度设计依据。另一方面，从理论层面看，学界有关合作农业推广的研究成果很少，仅有的针对多元农业推广的研究仍停留在其重要性、问题对策分析等理论探讨上，很少有人建立起科学的实证分析框架，去探究影响多元农业推广合作绩效的具体机制和路径到底如何。

出于以上考虑，本书主要以作者的博士毕业论文为主体，构建起了“组织邻近性—合作治理机制—合作绩效”的实证分析框架，在对重要理论进行研究的基础上，力图打开多元农业推广合作绩效影响机制的“黑箱”。本书从立意选题到最终成稿得到了中国农业大学推广与创新研究中心主任高启杰教授的全程指导与帮助，北京大学人力资源开发与管理研究中心主任萧鸣政教授也对本书的修改提出了许多宝贵的意见。感谢陈文艺、曾艳、黄修杰、刘洋洋、马力、李畅宇等同志在实地调研中提供的便利和帮助。同时感谢中国农业大学出版社张秀环老师在策划、编辑出版本书过程中所付出的辛苦。除此之外，还要感谢国家自然基金项目“合作农业推广中组织间的邻近性与组织聚合研究”(编号 71173219)在本研究开展实地调研时给予的资金资助。

由于时间和能力水平所限，本书仍存在着许多不足之处，敬请读者指正。

董　杲

2019 年 8 月

目录

第1章

绪　　论

1.1　研究背景

1.1.1　乡村振兴战略背景下，现代农业推广已成为农业、农村、农民发展的重要推动力量

中国共产党第十九次全国代表大会报告中提出“乡村振兴”战略，指出农业、农村、农民问题是关系国计民生的根本性问题，必须始终把解决好“三农”问题作为全党工作重中之重。要坚持农业农村优先发展，按照产业兴旺、生态宜居、乡风文明、治理有效、生活富裕的总要求，建立健全城乡融合发展体制机制和政策体系，加快推进农业、农村现代化，培养造就一支懂农业、爱农村、爱农民的“三农”工作队伍。为更好地走出中国特色的社会主义乡村振兴道路，2018 年中共中央国务院印发《乡村振兴战略规划（2018—2022 年）》，其中重点强调应健全基层农业技术推广体系，创新公益性农技推广服务方式，支持各类社会力量参与农技推广，全面实施农业技术推广服务

特聘计划，加强农业重大技术协同推广。在未来探索中国特色的社会主义乡村振兴道路上，现代农业推广在推进农业农村现代化、提升脱贫质量、增强农业与农村发展活力等方面将会发挥着不可替代的作用。

纵观国内外农业推广发展的历史，我们可以发现在从传统农业向现代农业发展的进程中，对于农业推广的理解也不断发生着变化——从单一地强调技术指导作用的“农业技术推广”发展到现今强调“教育式推广”和“咨询、信息化服务”等更深层次、更全面的现代意义上的农业推广。农民、农村居民已不能满足于农业生产技术和经营知识的一般性指导，他们开始更加注重自身多元化需求的表达，渴求得到市场、管理、科技信息、家政等多方面的信息及咨询服务。现代农业推广在解决“三农”问题中扮演着重要的角色：首先，农业推广直接增加了农村居民所拥有的知识量与信息量，提高了其生产技术水平及生活技能，也逐渐改变了农民的价值观念、态度和行为，增强了农民的自我组织与决策能力；其次，农业推广通过实现农民全方位素质的提升来改变其对所居住的社区生活环境、质量的期望水平，让其意识到农村民众在农村发展中的角色与责任，进而唤起人们参与农村发展的诸多活动，如生态保护、文化娱乐、基础设施建设、公共服务等，既对于改进农村社区的生活环境与质量、推进农村可持续发展具有促进作用，又推动了民主、公平意识在农村社区中传播以及农村自组织的发展；最后，发展现代农业的根本在于科技，只有当诸多创新科技成果为广大农民所采用时，科技创新才能转化为现实生产力，故农业推广在执行国家农业计划、方针与政策，加速农业科技成果的转化和扩散上发挥着不可或缺的作用。农业推广让农民提升了自身的知识、技能等条件后，又推动提高了农业生产的投入和产出效率，进而推动了农业与农村发展。

1.1.2 我国各类型农业推广组织间尚不能形成有效的组织聚合

伴随着市场化改革的逐步深入，我国农业推广已由最初政府主导的一元化多线型农技推广体系（高启杰，2010）逐步向多元农业推广组织参与的新型农业推广体系转变。现今在我国农业推广实践中，存在着5种影响较大的农业推广组织类型：行政型农业推广组织、教育型农业推广组织、科研型农业推广组织、企业型农业推广组织和自助型农业推广组织。多元农业推广组织参与的合作农业推广，是指农业推广组织在农业创新形成与扩散的过程中与其他农业推广组织形成彼此信任、长期合作、互利互动，并不断改进和优化的合作关系网络。合作农业推广的发展趋势不仅与国际上农业推广发展的方向相吻合（Benz，1997；Swanson & Samy，2002；Gao & Zhang，2008），而且也逐渐得到了国家的认可：2013年起开始实施的新《中华人民共和国农业技术推广法》规定了农业技术推广是“实行国家农业技术推广机构与农业科研单位、有关学校、农民专业合作社、涉农企业、群众性科技组织、农民技术人员等相结合的推广体系”。

鼓励多元合作农业推广的发展，有着十分重要的价值。第一，有利于整合科技资源，提高农业科技成果转化率。推广主体多元化是市场经济发展的内在要求，它促成了竞争合作，提高了农业推广效率，将有利于解决农业科研、农业教育和农业技术推广之间相互脱节的问题，形成三者间的良性循环关系，及时解决现代农业和社会主义新农村建设中的现实困难，更好地实现农业增效、农民增收和农村经济发展。第二，有利于科研创新和人才培养。一方面，农业科研单位每年都会产生一大批科研成果，通过科技人员直接参与农技推广，有效地缩短了科技成果的推广周期以及反馈时间，科研人员可以获得更多的新信息，不断开拓新的研究领域，研制出符合现代农业发展需要的先进适用技术，形成科研成果迅速转化为现实生产力的良性循环。另一方面，农业教育单位通过直接参与科技示范推广工作，可以提高教师和学生的动手能力，增强对现代农业的感性认识，有效地克服脱离实践搞教学的弊端，也有利于理论联系实践，从生产实践中汲取知识，不断充实和更新教学内容，提升教学水平和质量。第三，有利于进一步优化我国的农业推广体系。推广主体多元化符合各地区经济发展不平衡状况。在我国经济发展水平较低的中西部地区，政府推广组织几乎承担了全部推广任务，而在经济发展水平较高的东南部沿海地区，各种农民专业合作经济组织以及为取得经济效益而推广的企业正在日益发展壮大。可以说，在从计划经济体制向市场经济体制过渡的过程中，多元化农业推广是体制创新、管理创新和产业发展的必然选择，是我国农业战略的有益变革（张淑云，2011）。

对多元农业推广组织的分析表明，各类推广组织都有其独自的边界。在现实中组织间常常因为特殊的功能聚合需要而产生某种联结，这种组织间通过某些功能关系而联结的组织结构便是组织聚合现象（高启杰，2009）。多数农业推广组织都需要找到某些功能关系而与其他组织间形成不同的组织聚合，相应地，发挥组织聚合优势也被认为是合作农业推广成功的关键。虽然在我国多元合作农业推广的实践中，受利益驱动、政府推动和市场拉动等要素的影响，一些推广组织间采用技术转让、技术入股、联合攻关、共建基地等合作模式，取得了不错的合作效果，但是从整体上看，各类农业推广组织内部结构不合理、运行混乱、缺乏合理的功能与发展定位，且相互间缺乏有效的沟通、合作与交流，使得各类型农业推广组织间无法形成有效的组织聚合。尤其是我国现行的农业推广体制中农业技术推广机构与农业科研、教育单位等独立设置、相互脱节，在很大程度上浪费了其推广资源，也使得我国农业推广的效率和水平无法实现较大的提升。如何构建起多元化的整体型合作农业推广体系，成为摆在我们面前的重要难题。

1.1.3　现今对我国多元合作农业推广现实运行情况的实证研究较匮乏

建立起多元合作农业推广体系已得到了国内外学术界的普遍认同，美国“科研、教育、推广”合作农业推广模式也被实践证明是成功而高效的。针对多元合作农业推广，国内一些学者基于协同理论、资源依赖理论等也展开了一定的研究，如苑鹏等(2006)系统地分析了政府农业科技推广体系、农民合作经济组织、农业龙头企业等农业科技创新与推广组织的特点与存在的问题，提出应深化农业科技推广体系改革、建立多元化农业推广体系的建议。李维生(2007)提出应把农业科研、教育单位同时明确为农业技术推广主体，并坚持涉农企业、农业产业化组织、农村合作经济组织等广泛参与的原则，最终形成具有中国特色的“三元主体、多方参与”的农业技术推广新模式。高启杰等(2009)明确指出应构建多元化合作农业推广体系，并进一步针对组织内部结构优化与管理工作的完善、组织与其所处环境之间的关系、各类组织之间的互动与协调等问题提出了相应的建议。张淑云(2011)基于超循环理论，提出应构建以“农户合理需求为导向，市场运作为基础，政府主导、多方主体互动”的多元协同治理机制。刘光哲(2012)基于生态位理论，并结合我国农业推广的实践提出了“一体两翼蝴蝶”的多元推广构建模式，“一体”即公益性的农业推广还应以政府的农业推广体系为主体，但在政府外还需注重同大学、科研单位和企业的“两翼”联动作用。

然而国内该方面的研究大多局限于多元农业推广组织间合作的重要性、必要性以及合作模式构建等理论探讨上，对我国合作农业推广现实运行情况的实证分析很少。这一方面忽视了推广合作中不同组织间合作动机的差异性和资源条件的异质性，理论上的功能互补、相互协同并不代表实践中推广组织间可以准确地找到合作的契合点。另一方面，缺乏用实证的方法来实现对现今农业推广实践中组织间合作关系、合作绩效状况的深层次分析与挖掘，单纯的理论构建显得解释力不够。因此，亟须建立起一个合适的实证分析框架，在分析研究不同类型推广组织间合作关系的基础上为多元化合作农业推广服务体系的构建提供可行的策略建议。

1.2 研究意义与研究目标

1.2.1 研究意义

1.2.1.1 理论意义

本书围绕我国多元合作农业推广的实践，基于“组织邻近性—合作治理机制—合作绩效”分析框架的实证研究，对于邻近性理论、组织际关系治理理论、合作农业推广理论均有一定程度的贡献。具体来看，首先，尽管邻近性的概念在产业经济、创新与知识合作等领域得到一定应用，但一方面研究结论并不完全适用于合作农业推广中组织间的合作实践；另一方面邻近性相关研究仍主要处于理论探讨阶段，本书从合作农业推广的视角来研究组织邻近性，划分并界定其具体的内涵维度，设计出相关的测量量表并实证检验其信度、效度和解释力，这在一定程度上深化了邻近性相关的理论研究；其次，以组织间关系属性层面为切入点来考察对两种治理机制的影响已成为学界关注的重点和难点，而组织邻近性恰好反映了组织间所具有共性的“类”或“群”的关系特征，即相关研究拓宽了基于组织间关系属性层面要素对于合作治理机制选择的解释；最后，虽然现今一些实证研究指出组织间邻近性对合作绩效有显著的影响，但是中间的作用机制尚存“黑箱”，若打开它还需进一步挖掘中间变量，而组织间合作治理机制已被很多学者视为影响最终绩效产出的关键要素，即相关研究可以拓宽组织邻近性对于合作绩效产生影响的中间作用机制解释。

1.2.1.2　现实意义

在当今市场经济体制下，组织系统之间的互动主要是共同利益驱动下的自愿式互动和共同目标下的认同式互动，故在现阶段，基于市场开展多元合作农业推广工作，就必须要在多元农业推广主体之间建立起有效的竞争与合作机制。在这一竞合机制下，政府所应扮演的角色也不应再是计划经济体制下的直接指令与控制，而应更多地扮演一种协调、监督和服务的角色，在这一角色中如何实现推广、教育与研究的集成化，调动各类型推广组织（尤其是非政府组织）的积极性、主动性和创造性，努力将教育型、科研型、企业型、自助型推广组织融为一体，形成良性的互动与协调，更好地发挥组织聚合优势应是现阶段相关研究所应关注的重点和关键所在。出于此考虑，在乡村振兴的战略背景下，本书通过对多元合作农业推广中组织邻近性、合作治理机制与推广合作绩效之间关系的实证研究，既可以为多元农业推广实践中的合作伙伴选择、合作治理机制设计与实施、合作绩效提升等方面提供具体的决策参考，又可以从长期角度为多元农业推广组织间实现共同目标与共同利益下的互动提供制度设计依据。相关研究成果可以有助于各类型农业推广组织间构建起稳定而又富有弹性的合作关系从而获得竞争优势和聚合效应。

1.2.2　研究目标

针对现阶段我国农业推广组织体系低效运行的现状，本书的研究总体目标在于通过构建起“组织邻近性—合作治理机制—合作绩效”的分析框架，探究多元农业推广主体间的组织邻近性是如何影响彼此间合作治理机制的选择进而影响最终的推广合作绩效的。并基于实证研究结论，为建设具有竞争力(适应性强、多元化、高效率、稳定)的合作农业推广服务组织体系提供合理的制度设计依据、具体实施措施和政策建议。

在研究的总体目标下,具体的研究目标包括:①提炼与界定出合作农业推广中组织邻近性、契约治理机制、关系治理机制以及推广合作绩效的内涵与维度;②实证探究组织邻近性对于组织间契约治理水平和关系治理水平的影响作用,既包括对两者的直接影响,也包括环境动态性和资产专用性在组织邻近性与关系治理机制之间的调节效应;③实证探究契约治理机制和关系治理机制是否对最终的推广合作绩效产生直接影响,影响作用的大小如何,同时在引入知识转移变量的基础上,分析其在合作治理机制与合作绩效间发挥了怎样的中介效应;④提出具体的的合作农业推广策略以及深化我国合作农业推广工作的相关建议。

1.3 研究内容与分析框架

(1)文献综述以及具体研究问题归纳

通过检索国内外有关邻近性研究、组织间合作治理机制研究、组织间合作绩效研究以及农业推广合作研究等相关文献,对其研究进展与成果、研究方法以及相关理论基础等进行综述。在总结前人研究的基础上,本书进一步地结合我国多元农业推广的实践,找出论文的研究切入点,特别是主要变量间的潜在路径关系,以为下文的深入研究分析做好铺垫。

(2)多元农业推广中组织邻近性、合作治理机制以及合作绩效的内涵与维度界定

从邻近性的角度,主要通过分析组织间多维邻近性与农业推广中组织间横向合作与纵向合作的关系,识别出哪些邻近性维度与合作农业推广密

切关联，在此基础上进一步对本书所使用的组织邻近性内涵进行详细阐述，并提炼与界定出其基本维度；从合作治理机制角度，主要基于对交易成本理论、社会交换理论和关系交换理论等的分析，结合前人研究成果，针对合作农业推广实践的特殊性，对契约治理机制与关系治理机制的内涵维度进行界定；从合作绩效的角度，考虑到农业推广成果价值难以量化等一系列客观原因限制，主要从直接绩效和间接绩效两方面对其分解并建立起相应的评价指标，并分析影响农业推广合作绩效的诸多潜在风险要素。

(3)多元农业推广中组织邻近性对合作治理机制的影响机理研究

组织邻近性对合作治理机制的影响研究主要从两点入手，首要的便是基于组织间关系属性层面分析组织邻近性对于契约治理机制和关系治理机制所产生的直接影响作用，在此基础上，引入组织间交易属性层面的环境动态性和资产专用性要素，探究两者在组织邻近性与关系治理机制之间所起到的调节效应。

(4)多元农业推广中合作治理机制对合作绩效的影响机理研究

基于我国合作农业推广的实践，本书合作治理机制对合作绩效的影响分析中还引入了知识转移变量，一方面重点分析了契约治理机制和关系治理机制对合作绩效所发挥的直接影响作用；另一方面引入知识转移变量作为中介变量，并通过构建相应的中介模型来验证契约治理机制和关系治理机制如何通过知识转移的中介传导机制来最终影响合作绩效的。

(5)多元农业推广中组织邻近性、合作治理机制与合作绩效间关系的实证研究

本部分研究内容是全文的重点与关键，前文所有的影响机理假设都有待于数据的检验。根据前文的理论推演和理论假设，基于问卷调查所开展的实证研究主要包括以下几部分内容：①问卷及量表的设计，包括组织邻近性量表、契约治理量表、关系治理量表、合作绩效量表以及调节变量（环境动态性、资产专用性）量表和中介变量（知识转移）量表；②数据收集以及相关

的样本特征、描述性统计分析、量表的信度和效度分析、相关性分析等；③用回归分析的方法检验组织邻近性对合作治理机制影响的相关假设，这既包括组织邻近性对两种治理机制的直接影响检验，还包括环境动态性和资产专用性在组织邻近性和关系治理机制之间的调节效应检验；④对契约治理机制和关系治理机制对合作绩效影响的假设检验，这一方面利用回归分析的方法检验两种合作治理机制对合作绩效的直接影响作用，并检验知识转移变量在两者间所起的中介效应；另一方面利用结构方程模型建模的方法，同时建立起合作治理机制、知识转移和合作绩效三者间的关系路径模型，从整体上观察两种合作治理机制所发挥的实际效应。

(6)合作农业推广策略以及合作农业推广服务体系构建研究

在以上实证研究结论基础上，一方面从短期内合作推广项目执行的视角出发，提出具体的合作农业推广策略；另一方面则从长期的合作农业推广体系改革的视角出发，为深化我国合作农业推广工作提出相关建议。

基于此，本书的实证分析框架如图 1-1 所示，图中的实线箭头表示本书所重点研究的变量间关系，而虚线箭头表示在本书重点研究的变量关系外可能存在的其他路径关系。

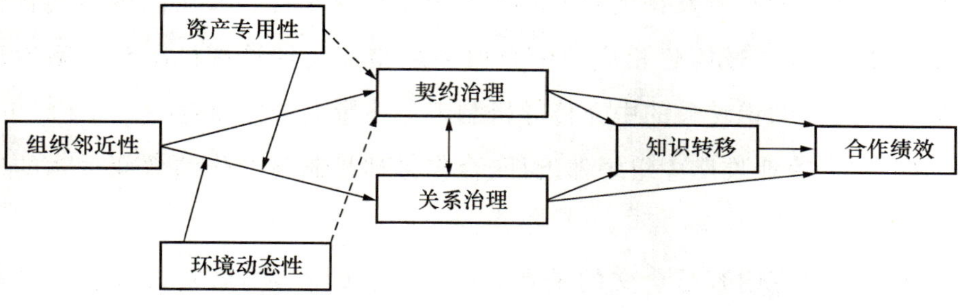

图 1-1　本书的实证分析框架图

1.4 研究方法

本书的相关研究主要涉及推广管理、创新管理、组织际关系管理、绩效管理等科学领域，在坚持实证主义研究范式的基础上，用到的具体研究方法包括以下几种。

(1)文献研究法

本书围绕“合作农业推广”“邻近性”“契约治理”“关系治理”“合作绩效”等主题，搜集、阅读并梳理了国内外相关的理论与实证研究成果，一方面认真分析了已有研究存在的不足，并进一步确立了未来研究的重点与方向；另一方面则明晰了各变量间潜在的关系路径，为下一步的理论模型和假设构建打下基础。

(2)访谈法

本书主要围绕多元合作农业推广问题，针对不同类型推广组织及其部分合作单位的主要负责人进行了半结构化访谈，一方面在于了解被调查推广组织及其参与的合作推广项目基本背景信息，如合作对象情况、合作项目时长、合作推广的技术类型等；另一方面在于深层次了解合作推广项目的运行机制、合作模式以及存在的问题等，以为最终提出具体的合作推广策略以及更深层次的农业推广体系改革建议准备素材。

(3)问卷调查法

由于量表在测量人们的态度、看法、意见等主观性较强的内容方面具有很大的优势，故本书中的问卷主要以李克特(Likert)5 点量表形式出现。在参考了国内外较为成熟的量表基础上，针对合作农业推广，本书为组织邻近性、契约治理、关系治理、合作绩效等变量设置了具体的测度题项。依托所设置的量表，本书在实地调查中主要采用了便利抽样法，选取不同类型的农业推广组织作为调查对象，并要求相关组织负责人以其近年内所参与过的合作农业推广项目情况为依据填写量表。由问卷调查而获得的大量一手数据和信息，为进一步的模型构建及假设检验奠定了基础。

(4)定量分析法

在研究中，定量分析法主要为数据资料的分析与表达服务。基于访谈及问卷调查而来的一手数据，本书主要用到了回归分析方法和结构方程建模的方法。针对前者，本书检验各单变量间的关系假设时，在引入控制变量的基础上，主要采用了多元回归分析；检验知识转移的中介效应假设以及环境动态性、资产专用性的调节效应假设时，则主要采用了层次回归分析法，所采用的数据处理软件均是 SPSS 20.0。对于后者，本书利用结构方程建模的方法构建起了包含契约治理、关系治理、知识转移和合作绩效等多变量、多路径关系在内的中介模型，并主要采用 AMOS 20.0 软件对模型的路径关系进行了处理与检验。

1.5 研究的创新与不足

1.5.1 研究的创新

(1)研究视角的创新

一方面，从组织邻近性视角来研究多元农业推广组织间的合作问题是一个崭新的尝试，这是因为目前学界有关农业推广组织合作的研究主要集中于多元农业推广体系构建、不同类型推广组织优势及内部管理等方面，从合作组织间的异质性关系出发来探究对农业推广合作的影响过程与机制无疑是一种新的选题视角;另一方面,建立起了"组织邻近性—合作治理机制—合作绩效"的分析框架,用一种系统化的视角来剖析多元农业推广主体间的组织邻近性是如何影响彼此间合作治理机制的选择进而影响最终的推广合作绩效,这对于多元合作农业推广实践有很强的指导意义。

(2)研究理论的创新

针对我国多元合作农业推广的特点,本书最为重要的理论创新体现在以下两个方面:在分析组织间多维邻近性与农业推广组织横向与纵向合作关系的基础上,提炼出合作农业推广中组织邻近性的内涵及主要维度,设计出相关的测量量表并实证检验了其信度、效度和解释力,这丰富了邻近性相关的实证研究成果;分析并实证检验了组织邻近性对契约治理机制和关系治理机制的直接影响作用,环境动态性、资产专用性在组织邻近性与关系治理机制之间所起到的调节效应以及知识转移在合作治理机制与推广合作绩效间所起到的中介效应,这 3 组全新的路径关系探究也为未来组织际关系研究提供了新的视角。

(3)研究方法的创新

在研究方法上,学界有关合作农业推广的研究基于理论推演的较多,其次是案例研究。这主要是因为展开相关的实证研究需要建立起一整套逻辑清晰的分析框架,这涉及变量解构、路径探究等一系列复杂的问题,既存在着很大的难度,又需要耗费很长的时间精力。本书在区分界定农业推广合作中组织邻近性主要维度、契约治理机制与关系治理机制的核心内涵以及合作农业推广绩效结构的基础上,通过基于问卷的统计性实证分析和结构方程建模方法对三者关系间的论证以及验证引入其他外部变量后所产生的中介效应和调节效应的相关假设,均体现了本书在研究方法上的特色。

1.5.2 研究的不足

受个人水平以及时间、精力所限,本书在以下三方面还存在着不足之处。

首先，本书的实证研究主要基于对山东省枣庄市的108个合作农业推广项目的调研，虽然数据样本已足以展开回归分析以及结构方程建模，但是从总体上看数据样本总数仍然偏少，这也就意味着相比于更多的样本数量，数据解释力稍弱。此外，受到客观现实条件的制约，样本中教育型和科研型农业推广组织偏少。

其次，本书的实证研究主要针对某一特定区域，其目的在于尽可能地消除组织间地理邻近性对于主要变量的干扰作用，以更加突出非空间邻近维度——组织邻近性所发挥的作用，但这也产生了样本代表性问题，即山东省枣庄市属于我国农业发展水平较高的地区，合作农业推广工作开展较好，得出的相关结论是否可以普及至全国层面仍需要进一步探讨。

最后，对于农业推广合作绩效变量来讲，由于难以对一些客观数值进行统一标准化处理，且国外的很多学者也证明了主观测度指标和客观指标之间存在着极高的正相关性，本书在实证研究中对其的测度也主要采取了主观量表的形式，从这一层面讲，缺少一定的客观指标也许会使合作绩效的测量存在着一定的误差。

第2章

理论基础与文献综述

2.1 邻近性理论

2.1.1 邻近性的界定与维度划分

简单来讲，邻近性是指在一定的网络中具有不同资源的主体间所存在的某种共性的“类”或“群”特征，不同学科对邻近性的内涵与维度的解释有所不同。本节主要从法国邻近动力学派和其他邻近学派两个方面来梳理学界有关组织间邻近性界定与维度划分的研究成果。

2.1.1.1 邻近动力学派的研究

根据法国邻近动力学派最具代表性的 Kiral & Lung(1999)、Torre & Gilly(2000)等的研究成果，主体间的邻近性主要被划分为三个维度：地理邻近性、组织邻近性和制度邻近性。地理邻近主要是指各主体在空间上的接近程度，由于涉及交通运输的成本和信息通信技术的发展程度，因而它处于不断变化之中。对于组织邻近性和制度邻近性的划分，邻近动力学派内部也表现出了两种倾向:互动主义和制度主义倾向(Carrincazeaux et al,2008;李琳、雒道政,2013)。从前者出发,Torre & Gilly(2000)在地理邻近性外只定义了组织化邻近性(organized proximity),这包含了两层逻辑,即依附逻辑和相似逻辑。在依附逻辑上,组织邻近性是各主体接近属于相同的关系空间,也就是说各主体之间存在直接的交换活动;在相似逻辑上,组织邻近性是指主体有相同的表征与基准空间、共同分享相同的知识,如行为规则、惯例、习俗以及正式的法律规则等。从后者出发,Kiral & Lung(1999)、Carrincazeaux et al(2008)在地理邻近性外定义了组织邻近性和制度邻近性,他们指出这三个维度的邻近性与本土化的创新系统运行有着直接联系,组织邻近性强调在一个既定的组织或合作机构中成员更容易发挥出各自的优势,即组织分工的重要性;制度邻近性则显得尤为重要,因为创新系统在区域层面是基于集体行动的,这就需要依赖于共享的有关行为、认知的共同准则,但这种准则并不是单方面强制的协议,而是针对利益分歧和利益冲突多方博弈和妥协的结果。显然,互动主义与制度主义对于邻近性维度的划分是有一定内在关联的,比如可以将组织化邻近的依附逻辑与组织邻近性相联系,将其相似逻辑与制度邻近性相联系。二者之间的区别不在于维度划分的不同,而在于强调的视角不同。从知识的外部性角度出发,互动主义强调了经济主体间互动交流对知识外部性的获取及创新的作用,制度主义则更多地从制度创新的角度寻找原因(Carrincazeaux et al,2008;李琳、雒道政,2013)。

对于不同维度的邻近性,诸多学者也从不同角度进行了更加深入的界定。一些学者提出了临时地理邻近的观点(Rallet & Torre,1999),认为只是在创新合作的某些阶段,如在创新合作的开始阶段和谈判阶段、隐性知识的创造和交换阶段以及创新者发生冲突的时候才需要面对面地接触,交互行动的经济主体不需要在地理区位上永久性接近,而在创新合作的其余阶段可以通过短期访问、会议以及其他信息通信渠道来发生经济联系。还有一些学者通过进一步的研究分析，认为知识基础（knowledge base）是企业相互交流与互动的前提，它既包括企业的普通知识（如对有关产品、行业的一般性认知），也包括企业的特有知识（如专利、核心技术等）。Nesta & Saviotti（2005）将这种知识基础定义为能为企业生产性目的服务的知识集合。Carrincazeaux et al（2001）认为正是由于知识本身具有隐性、黏性等特征，才使得知识基础往往具有复杂性，并将知识基础的复杂性划分为两个维度：组合复杂性和技术复杂性，组合复杂性强调了互动能否顺利进行，而技术复杂性则强调了互动的成果能否成功为企业所分享。

2.1.1.2 其他邻近学派的研究

在邻近动力学派之外，其他一些学者在邻近性的界定和维度划分方面也进行了很多有益的探索，提出了如认知邻近性、关系邻近性、技术邻近性、文化邻近性等更加多元化的邻近性维度。以下一些国外学者的观点最具影响力。

Boschma（2005）在邻近动力学派研究的基础上，通过把认知维度从组织维度中分离、社会维度从制度维度中分离，将邻近性进一步分成了认知邻近性、组织邻近性、社会邻近性、制度邻近性和地理邻近性5种类型。在地理邻近性的界定上，Boschma和邻近动力学派的观点是一致的。他从知识溢出和知识转移的视角出发，认为认知邻近性是指彼此分离的个人或组织在知识基础上的距离，将认知邻近性概念引入产业进行动态分析可以超越知识特征的功能性区别，不必在意知识的内在本质，同时也不包括组织或经济关系，而组织邻近性程度可以根据经济主体在网络中的不同位置判断他们在组织上是否相互接近，也就是说组织邻近性应专指主体间的协议性质。他在邻近动力学派对于制度邻近性界定的基础上，将社会邻近性从中抽取出来，认为制度邻近性应是一种宏观分析，这可以跨越地理界线来对比法律、文化等存在的差异；而社会邻近性则是一种微观分析，它代表了基于个人关系的经济主体之间的联系，这能够根据个人之间的友谊、血缘或者信任程度来评价或判断，但社会邻近性则无法从地理空间上明确区分开来。此外，他认为过多或者过少的邻近性都会对交互学习和创新有不利影响，并提出了诸多保持良好合作、避免“锁定”的方法。

Moodysson & Jonsson(2007)出于方便实证研究中对邻近性测度的目的，在吸收了 Zeller(2004)和 Boschma(2005)对于邻近性维度划分的基础上，将邻近性划分为功能邻近性(functional proximity)和关系邻近性(relational proximity)两个维度。功能邻近性是指受可移动性所影响的实际距离，也称可达性。功能邻近性不仅包括几何学中所指的具体空间距离，而且还包括时间和成本的维度，这可以用前往目的地所花费的时间和成本作为测量指标。为了界定关系邻近性，他们批判了邻近动力学派 Torre & Gilly (2000)对于组织邻近性包括依附逻辑和相似逻辑的划分，认为这两种逻辑是相似的、互为因果的，组织邻近性只需保留其相似逻辑即可。基于此，他们指出关系邻近性是基于合作者主体彼此相互亲密关系和相似性的抽象维度，这种抽象维度主要包括了 Boschma(2005)所提出的认知邻近性、组织邻近性、社会邻近性和制度邻近性等。同时他们认为可以通过网络组织的监管性、网络的标准性和网络的认知性三个中介变量来测度关系邻近性。

Knoben & Oerlemans(2006)则在组织合作的框架下研究与探讨了组织间多维邻近性。基于对邻近性相关文献的研究分析，他们从多组织出发的一般性层面和组织间二元层面分析了地理邻近性、组织邻近性、文化邻近性、技术邻近性、认知邻近性、制度邻近性和社会邻近性七个维度邻近性与组织间合作的相关性，在组织合作的框架下将邻近性维度重新划分为三个：地理邻近性、组织邻近性(囊括了组织结构邻近、文化邻近、认知邻近和制度邻近)和技术邻近性，并进一步研究了在组织合作中这些邻近性维度各发挥着何种作用。

从国内的角度来讲，李琳(2009，2014)的观点最具有代表性。她基于组织合作层面提出了多维邻近性的概念框架，将多维邻近性划分为地理邻近性、组织邻近性和认知邻近性，其中地理邻近性既包括组织间绝对距离的远近也包括相对距离的远近；组织邻近性指组织间特征的相似性和组织成员的归属性程度，具体包括组织结构、组织文化、组织制度约束、组织所处社会关系与地位特征等的相似性与归属性；认知邻近性则涵盖了一般意义上的技术邻近与认知邻近（知识基础的相似性），具体指组织间在语言、经验、价值观、目标、技术等方面的相似性，这三个维度邻近性既独立地作用于组织合作中，又以不同的形式相互组合作用于组织合作。此外，她也进一步指出，这一邻近性维度框架不仅可以解析组织间合作创新的驱动机制，而且可以解释区域间（集群）合作创新的驱动机制。除此之外，王兴平等（2015）在城际创新联系的框架下，植根于中国的文化背景，基于“业缘、地缘、人缘”的观念，相应地将邻近性划分为技术邻近性、地理邻近性和社会文化邻近性，这对于从更广层面研究更大空间实体间的邻近性关系提供了较好的理论借鉴。

2.1.2 邻近性与组织合作创新研究

“邻近性”这一概念提出的最初目的在于：一方面试图超越将市场作为很多经济实体地理集聚的一个关键原因，将关系、制度等社会维度的因素融入经济分析之中；另一方面则试图在经济分析中增加网络分析这一非地域化视角的分析方式。出于此目的，学者们逐渐跳出地理邻近性单一维度的束缚，研究的重点开始逐渐从地理邻近性与产业集群的关系细化转移到探讨组织间的多维邻近性对于组织合作（尤其是产学组织合作）创新、合作创新绩效等的影响作用。组织合作创新作为一种跨组织边界的联合创新活动，其存在着诸多类型，既可以是单一的企业组织间、学术组织间的合作，又可以是跨组织类型的产、学、研组织间的合作。从总体上讲，国内外对于邻近性与组织合作创新的相关研究仍处于起步探索阶段。

2.1.2.1　国外邻近性与组织合作创新的相关研究

自法国邻近动力学派20世纪末首次提出邻近性概念以后，基于实证分析，国外很多学者也验证了地理邻近性是影响组织合作创新的重要因素，即组织间地理距离越远越不利于最终的合作产出。在此基础上，为了进一步打开组织间邻近性与组织合作之间的"黑箱"，一方面学者们在研究组织合作时开始广泛引入其他非空间邻近性维度作为前置变量或者情境变量；另一方面则开始在邻近性与组织合作绩效间寻找中间变量，以更好地阐释变量间具体的影响路径与作用机制。以下是较有代表性的实证研究成果。

Ponds et al(2007)基于对荷兰生命科学和物理科学研发合作实际情况的调研，剖析了地理邻近性与制度邻近性在大学、公司以及政府研发机构等多组织类型研发合作中的角色。研究结果显示，地理邻近性对于研发合作的影响更多地体现在通过抵消组织间的制度邻近性差异所发挥的间接作用上，而不是直接促进作用上。具体来讲，相对于纯学术性组织间的合作，地理邻近性对学术性组织与非学术性组织之间的合作影响更大，地理邻近性可以在很大程度上抵消组织间的制度邻近性差异，以常见的产、学、研合作为例，这种不同组织类型间的合作创新，就比同类型组织合作创新所能跨越的地理距离更小。

Teixeira et al(2008)基于对CRAFT国际研发合作项目的调查，对技术产业中低技术中小企业间的研发合作情况展开了实证分析，结果发现：较为成功的国际研发合作项目中，组织间文化邻近程度较高，且保持了较远的地理距离，此外，他们还发现合作项目中组织间的地理距离越远，所研发的技术越先进；组织间的地理距离越近，技术含量越低。

Balland(2012)利用欧盟2004—2007年全球导航卫星系统(GNSS)产业研发合作项目的相关数据，重点探究了多元组织(包括大学、企业、政府和社会组织四种)间的邻近性对于彼此合作关系网络的影响。其首先基于Boschma(2005)邻近性的五维度划分理论,对五个维度邻近性进行了可操作化的实证测量,然后借助SIENA模型测量了五个维度邻近性对于组织合作的动态影响机制,结果表明:只有组织间的地理邻近性、组织邻近性和制度邻近性正向促进了组织间的合作;认知邻近性没有促进组织间合作的原因在于GNSS产业中的合作更注重组织间知识基础的异质性;与多边合作相比,社会邻近性在双边合作中更容易产生和发挥作用。

Cunningham & Werker(2012)通过对欧洲纳米技术产业的调查,建立回归模型探究了多维邻近性对于组织间合作研发效率及产出(以合作强度指标来测度)的影响。结果显示,地理邻近性对于组织合作具有显著的正向影响,彼此间的地理距离越近,越利于提升合作强度,但是通过通信技术等可以弥补组织间绝对地理距离较远带来的负面影响;技术邻近性(被认为是认知邻近性的一部分)则与组织研发合作产出间存在着一种倒"U"形关系;组织邻近性则只对合作产出有部分的影响,这是由于组织类型不同其在合作中的诉求和作用各不相同,相较之下,在合作中非学术性组织的产出更为高效。

Hewitt-Dundas(2013)基于英国企业创新调查(2002—2005)数据重点研究了校企合作创新中邻近性的角色。从企业角度讲,校、企间的地理距离对于企业从战术层面选择大学合作伙伴具有重要影响,若企业具有内部研发能力,更倾向于同地理距离较近的大学进行合作,更进一步地,若对内部员工的教育和培训可以克服对地理距离的硬性要求,认知邻近性则会替代地理邻近性成为影响校企合作的关键要素;当企业得到了政府创新相关的政策支持时,会更乐于同大学展开合作。从大学角度讲,对于企业合作伙伴的地理距离没有太多刻意地关注;若其选择与当地企业合作,这些企业大多为研发能力差、市场狭窄的小企业;值得注意的是,大学学术能力对于校企合作有动态影响,若大学学术能力可以保持稳步持续增长的态势,将会吸引更多的企业留在区域内并保持合作关系。

Franco et al(2014)以组织合作创新为出发点，建立起了"邻近性—组织潜在吸收能力—合作创新"分析框架，基于CIS数据实证研究发现：组织间较高的地理邻近性和宏观制度邻近性程度可以促进合作中组织潜在吸收能力(potential absorptive capacity)的提升，相反，组织间较高程度的微观制度邻近却阻碍了合作中组织潜在吸收能力的提升。进一步地，他们发现学界所认同的外部整合机制(integration mechanisms)变量对组织潜在吸收能力的影响并不大，反而是人力资本投入要素在组织潜在的吸收能力与合作创新之间起到正向的调节作用。

Geldes et al(2015)将研究的关注点从组织间的技术合作创新转移到市场合作创新上来，并以智利某农业综合企业产业集群中的企业为调研对象，重点考察了地理邻近性和其他非空间邻近性维度对于企业间市场合作行为的影响。他们首先在Boschma(2005)邻近性五维度划分的基础上，通过探索性因子分析将非空间邻近性维度合并为制度邻近性、社会邻近性和"认知—组织"邻近性三种，然后建立结构方程模型发现：与前人的实证研究结论相反，地理邻近性对于企业间的市场合作关系并没有显著的影响，且非空间邻近性维度中只有社会邻近性对于企业间的市场合作关系有正向显著影响。进一步地将地理邻近性作为情境变量加入模型，结果显示其在非空间邻近性维度与企业间的市场合作关系中并未起到任何调节作用，这一结论也同Boschma(2005)、Knoben & Oerlemans(2006)、Broekel & Boschma(2011)等提出的地理邻近性可以促进其他非空间邻近性维度的观点相反。

Marek et al(2017)则对实证研究的数据来源进行了创新。与其他实证研究粗略地引用专利数据和合作伙伴公开数据作为实证数据来源不同，该研究以2006—2012年德国政府正式拨款授权的官方7 111个研发合作项目作为实证研究数据来源，结果发现认知邻近性、组织邻近性、制度邻近性和地理邻近性一样，均会影响到跨区域组织合作关系的形成，其中代表地理邻近性、组织邻近性和制度邻近性所产生的跨区域合作组织间的“距离”对于合作创新效果的负面效应是呈“U”形的;认知邻近性、组织邻近性和制度邻近性并不能补偿合作组织间过大的地理距离带来的损失;合作创新活动(政府拨款的)更倾向于集聚。

2.1.2.2 国内邻近性与组织合作创新的相关研究

关于邻近性的研究国内相对国外较晚,有关邻近性与组织合作创新的相关研究较少,且多集中出现于近几年,研究成果也相对零散。

从理论分析角度出发,Gong Zhi-gang(弓志刚,2008)较早地指出在当代经济社会中,组织间的合作创新是最为有效的创新方式,并且邻近性对于组织合作创新具有重要影响。其中地理邻近性对于合作创新并没有直接影响,主要是通过影响其他非空间维度邻近性来最终影响合作创新,组织邻近性、社会邻近性、制度邻近性和战略邻近性等都对于合作创新有协同影响,且是一种倒“U”形的非单调影响。李琳和韩宝龙(2009)则基于组织合作框架提出了多维邻近性对于组织合作的影响机理:单一的地理邻近性对于组织合作并没有直接影响,它主要通过强化认知邻近性和组织邻近性来影响组织合作创新;单独的组织邻近性只局限于管理、组织方面的合作创新,单独的认知邻近性只局限于产品创新;三个维度邻近性的适度组合将在产品创新和组织、管理创新方面都产生良好的正面效应。黎振强(2014)在Knoben & Oerlemans(2006)研究的基础上,分析了地理邻近性、组织邻近性和技术邻近性对于组织间合作创新绩效所可能产生的正效应和负效应,并通过分析指出:这三个维度邻近性在合作创新中的作用并不是对立的,均可以通过独立的或者组合的方式对创新绩效施以影响,较为理想的方式是通过某种方式的组合,实现多维邻近性对合作创新绩效积极影响的叠加效应。

为了更好地阐释组织间的邻近性对于组织合作创新的影响作用,一部分学者采用了案例分析的方式展开了相关研究。毛崇峰等(2012a)基于“闪联”的案例分析，从地理邻近性、技术（知识）邻近性、认知邻近性和制度邻近性四个维度出发，分析了其对技术标准合作绩效的作用方式，并以“闪联”的形成和成长过程论证不同邻近性对技术标准合作绩效的影响。进一步地，毛崇峰等（2012b，2012c）根据TD-SCDMA案例，深入地分析了认知邻近性对横向技术标准合作以及纵向技术标准合作的作用，对于前者而言，基于竞合关系导向的认知邻近性是横向技术标准合作的基础，因此理顺竞合关系，形成真正的合作导向项目成为了关键；对于后者而言，合作伙伴对于共同的利益基础和价值导向等的认知邻近贯穿于技术标准创新合作的全过程（初期、中期、后期），故围绕产业链的上、下游企业间合作应成为主旋律，他们之间的认知越是相近，越有利于关系的稳固以及技术标准化的成功实现。此外，该课题组中的侯琳等（2012）、周青等（2013）也基于“闪联”等案例，分析了制度邻近性对于技术标准合作绩效、高新技术企业合作创新的作用路径。

除了案例分析的研究方式以外，还有一部分学者采用了更加严谨的实证研究方式对组织间多维邻近性与组织合作创新的关系展开研究。

Wei Hong & Su Yu-sung（2013）利用中国1985—2004年的专利数据，重点研究了制度邻近性对于非区域性（non-local）产、学合作的影响，基于回归模型分析发现：在中国背景下，大学企业之间的地理距离仍然是影响产、学合作产出的重要因素；更高的水平制度邻近性（同从属于相同的中央部委下）和垂直制度邻近性（同在相同的地方政府管辖内）会显著地促进产、学间的合作，这种促进作用在组织间地理距离较远时尤为明显；若产、学组织间基于之前合作经历而存在着较强的社会邻近性，则可以较好地削弱较远的地理距离带来的负面影响。

曾德明等（2014）在Ponds et al（2007）研究的基础上，以2006—2011年中国钢铁产业的发明专利为样本，并采用最小二乘法和序列逻辑回归方法实证研究了组织邻近性和组织背景对组织合作创新所能跨越的地理距离的影响。结果显示：地理邻近只是组织合作创新的一个促进因素而非决定性因素;合作创新中组织邻近程度与地理邻近程度负相关,组织邻近程度越高,组织合作创新的地理邻近程度越低,具体来讲,就是非同类型组织合作创新比同类型组织合作创新所能跨越的地理距离更小,即对于地理邻近性的依赖性程度更高;从组织背景角度来看,企业合作创新所能跨越的地理距离最大,产、学、研合作创新次之,学术机构最小。

黎振强和王英(2015)以产业园区中的中小高新技术企业为调查对象,通过建立结构方程模型,探索了企业间地理邻近性/认知邻近性、知识获取和最终创新绩效之间的关系。实证结果表明,企业之间的地理邻近性和认知邻近性对最终的创新绩效有显著的正向影响;同时知识获取变量在邻近性两维度与创新绩效间起中介作用,即企业之间的地理邻近程度和认知邻近程度越高,越有利于企业获取知识,进而提升创新绩效。

初大智和胡子云(2016)试图以多维邻近性对合作创新影响机制的理论框架为依托,利用 Web of Science 数据库采集的 2001—2010 年广东生物技术领域科学计量数据进行回归分析,并运用网络分析工具来分析文献出版物的引用影响力,得出如下结论:认知邻近性与广东生物技术科研合作成果质量间存在倒"U"形关系;组织邻近性和地理邻近性对广东生物技术科研合作成果有促进作用;制度邻近性对广东生物技术科研合作成果有抑制作用。

曹兴和宋长江(2017)以无线通信网络技术合作创新网络为研究对象,利用美国国家专利局专利(USPTO)数据库,对国际专利分类号为 H04W,申请日期为 2006 年 1 月 1 日到 2010 年 12 月 31 日 5 年间的专利数据进行筛选,将组织间的共同合作专利申请情况作为样本数据来源,实证研究了地理邻近性和认知邻近性对创新网络中节点组织双元创新绩效的影响作用,结果发现:地理邻近性对创新网络节点的开发式创新存在"U"形关系,与探索式创新关系不显著;认知邻近性对创新网络节点的探索式创新的影响呈现倒"U"形关系,与开发式创新作用关系不明确;地理邻近性与认知邻近性对双元创新存在一定交互作用,对开发式创新表现为互补效应,对探索式创新表现为替代效应。

2.2 组织间合作关系治理机制相关研究

在当今社会中,不同类型的组织为获取更多的资源并保持足够的竞争优势,展开多元化的竞争合作已成为一种常态。因此,诸多学者们为了更好地为管理实践服务,开始重点关注组织际关系(interorganizational relationships,简称 IORs)研究(主要是合作关系研究),探索如何通过对组织间关系的有效治理来提升最终的绩效。通过梳理国内外相关文献可以发现,对组织际关系的治理主要存在两种方式:一种是契约治理,强调组织间契约的重要性,并以此来解决相互间的冲突和机会主义行为;另一种是关系治理,尤其强调组织间的信任和关系规范约束,以期用柔性协调组织间关系。以这两种治理机制为切入点,学者们主要在以下几个领域展开了研究:供应链企业间关系(即纵向合作关系),包括采购商—供应商关系、制造商—经销商关系等,这多集中于早期的实证研究;战略联盟内部组织间关系;组织间外包服务关系;产、学、研组织间合作关系(包括新产品研发、试验、推广等);围绕某些特定项目(包括建设工程项目、公共项目等)的组织间合作关系等。这既囊括了组织间的横向合作关系,又囊括了组织间的纵向合作关系,因此虽然至今学界尚未有专门对于合作农业推广中组织间合作治理机制的研究,但是相近的产学研组织间合作关系治理、特定公共项目中组织间合作关系治理等研究均可以为本书提供丰富的借鉴。

一般而言,为更好地治理彼此间的交互关系,组织间会同时使用契约治理和关系治理两种方式(Bradach,1997),因此随之而来需要讨论的关键在于这两种治理机制的具体内涵和维度是什么?这两种治理机制间的交互关系如何，是相互替代还是相互补充？哪些因素影响了这两种治理机制的采用？这两种治理机制会带来怎样的治理效果，产生哪些影响效应？本节主要针对以上提出的四个主要问题，对国内外相关的研究成果进行系统梳理。

2.2.1 契约治理和关系治理的内涵与维度划分研究

2.2.1.1 契约治理的内涵与维度划分研究

契约治理（contractual governance）在国外相关文献中有时也被称为“基于契约的治理（contractual-based governance）”“正式契约（formal contract）”“正式控制（formal control）”等。合作关系治理中契约治理机制指在治理合作关系时，强调使用正式化的具有法律效力的书面契约，以来明确规定合作各方必须履行的责任与义务等诸多内容（Lee & Cavusgil，2006；Abdi & Aulakh，2012；Cao & Lumineau，2015）。学界一般认为契约治理机制的出现，主要源于交易成本理论的提出。Williamson（1985）提出，在跨组织边界的关系中，专用性资产投入、外部高度的不确定性以及绩效的难以测度，极大地提升了组织间的交易风险，并诱发了更多的机会主义行为，为了遏制这一问题，更好地保护组织间的交互关系，应当鼓励在彼此间签订更为复杂的契约（新古典主义契约），尽管这种做法本身也会增加彼此间的交易成本。Masten（1993）更进一步地指出精心构建起复杂的契约条款应是一项非常重要的治理举措，这可以有效地应对交易风险，并增进彼此间的交易绩效。在此之后的诸多文献里，契约治理开始逐渐作为一种重要的合作关系治理机制，出现在诸多学者的研究中。契约治理所发挥的作用，也从最初单一的可以控制交易风险、抑制机会主义行为等，拓展到被证明可以在整合与协调组织间关系时发挥重要角色（Mesquita & Brush，2008；Malhotra & Lumineau，2011；Schepker et al.，2014）。

对于契约治理的维度划分研究，Poppo & Zenger（2002）较早地采用契约条款的复杂性这一维度来测度契约治理，但其只采用了单一的指标题项："在投入了大量的时间精力后才精心制定出了彼此间的正式契约"。为了更好地阐释契约治理机制所发挥的实际效用，在此基础上，诸多学者出于理论和实证等多方面的考虑对于契约治理机制的维度进行了更为深入的划分。主要的划分方式有三种（表 2-1）。从表 2-1 可以看到，有关契约治理机制的维度划分争议性并不大，无论是哪一种维度划分方式，都离不开对于具体契约条款的测度。在实证研究中，对于契约条款复杂性的测度主要采取了两种方式：一种是情境化处理方式，即针对特定的情境，如建设工程合作项目、IT 外包项目等，通过专家咨询等方式详细列举出常用或常见的特定契约条款；另一种是模糊化处理方式，即通过设置一些反映题项来测度契约条款的复杂性程度，如"我们之间的契约详细地规定了参与各方的责任""我们之间的契约有相应的风险应对措施""我们之间的契约有违约惩罚条款"等。

表 2-1　契约治理的维度结构

主要维度	划分依据	代表研究
契约条款的复杂性	彼此间所制定契约条款的详细性、完备性以及适应性（柔性）程度	Zhou & Poppo(2005)；Lee & Cavusgil(2006)；Li et al(2010)；刘文霞等(2014)；Betieler & Hemmert(2015)
行为控制；产出控制	契约条款发挥控制作用时所处的具体流程、阶段	Tiwana & Keil(2009)；Tiwana(2010)
事先的契约安排（复杂性）；事中、事后的契约执行（严格性）	动态视角下契约治理进程的两阶段划分——契约制定与契约实际运行/控制	Luo(2005)；梁永宽(2008)；Qi & Patrick(2010)；王兰(2012)；Zhang & Zhou(2013)
契约控制；契约协调	所设计的契约条款发挥的功能类型	Lumineau & Malhotra(2011)；Malhotra & Lumineau(2011)；Lumineau & Henderson(2012)；刁丽琳(2013)

2.2.1.2 关系治理的内涵与维度划分研究

关系治理(relational governance),在很多国外相关文献中有时也被称为"基于关系的治理(relational-based governance)""关系机制(relational mechanism)""非正式控制(informal control)"等。关系治理机制的提出被认为最早源于Mecneil(1978)所提出的"关系契约",他发现组织间的重复性交易行为会嵌入某种社会性关系,在这种社会性关系中长期地达成一致过程(关系交换过程)会形成某种关系契约,这本身就是一种治理,也会降低相互间的交易成本。在经济学者眼中,关系治理强调了关系契约的"自我履约机制(self-enforcing safeguard)"。在此之后,许多社会学、管理学领域的研究者基于社会交换理论、关系交换理论等,指出关系治理的本质不仅是经济性的,而且是社会性的,基于互惠主义而形成的彼此间的信任以及潜在的关系性规范也可以有效地治理组织间关系。诸多管理学者们综合多领域研究成果,不再仅仅局限于关系契约,开始在多元学科研究的基础上,专注于关系治理问题的研究。

因此,基于不同的理论基础,不同领域的学者也从不同的角度对关系治理的内涵进行了分析与界定。虽然视角不同,但是学者们逐渐达成了这样的一种观点:关系治理是不同于契约治理的,并主要采用关系性手段来治理组织间关系的一种重要机制(Grandori,2006;陈灿,2012;Cao & Lumineau,2015)。在对关系治理机制展开研究时,不同领域的学者出于不同的学科背景对其也有着不同的理解,这突出地表现为对关系治理维度结构的多类型划分。国内外较有代表性的研究成果汇总于表2-2。

根据表2-2,在国内外有关关系治理维度划分研究的文献中,内在规则(主要是信任)和关系规范(relational norms)是出现最多的两个研究层面,虽然大多数学者均选择偏重于其中一个层面展开研究,但仍有少数学者指出了单一使用信任维度或者关系规范维度的弊端所在,在研究中将两个层面

表 2-2 关系治理的维度结构

主要维度	测度指标	代表研究
内在规则	信任	Yu et al(2006); Tepic et al(2011); Yang et al(2011); Wang et al(2011) Burkert et al(2012); Zhang & Zhou (2013); 刁丽琳(2013); Griessmair (2014)
	信任;承诺	Lee & Cavusgil(2006)
关系规范	柔性;团结一致;信息交换	Heide & John(1992)
	联合计划;联合解决问题	Claro et al(2003);骆亚卓(2011)
	团结一致;柔性;信息共享;冲突的和谐处理	Ferguson et al(2005)
	联合运行;信息共享;合作的规范	Zhou & Poppo (2005); Zhou et al (2008)
	关系维护;参与度;信息交流	薛卫等(2010a)
	团结一致;柔性;参与度	Lumineau & Henderson(2012)
内在规则+关系规范	信任;依赖;协作;信息共享;开放式沟通	Poppo & Zenger(2002)
	信任;承诺;知识共享;开放、高效的沟通	Qi & Patrick (2010); Huber et al (2011)
	信任;目标共享;沟通	李运河(2010)
	信任;信息共享;开放式沟通;共同解决问题	王兰(2012)
	信任;承诺;依赖;开放式沟通;心理契约	Lioliou et al(2014)

结合起来进行考虑。因此,总体来看,虽然在管理学研究中关系治理被视为一个重要的潜变量,但学界对其内涵、维度界定尚存有较大争议,未来的研究中仍需根据特定的情境对其内涵、维度做进一步的探讨。

2.2.2 契约治理与关系治理的交互关系研究

在分析了契约治理和关系治理各自的内涵、维度划分以及扮演的角色作用之后，诸多研究开始重点探讨两种治理机制之间的交互关系。在梳理了国内外相关研究后我们可以发现，基于实证研究，对于二者间交互关系的研究方式主要可以划分为以下两种：第一种是通过对两种治理机制内涵维度的界定，直接研究两者之间的交互关系（表 2-3、表 2-4 中简称方式一）；第二种是通过观察两种治理机制联合发挥作用时对进一步绩效产出的影响，来判别两者之间的交互关系（表 2-3、表 2-4 中简称方式二）。在第一种研究方式中，契约治理和关系治理二者间的作用路径方向可以较为明晰地展现；在第二种研究方式中，虽然两者间的交互关系可以从联合发挥作用时对产出绩效的影响中加以判别，但有时为了更加明确二者交互作用的具体路径方向，一些学者会更进一步地将其中一种治理机制控制为调节变量，以得出更为明确的路径关系。如 Li et al(2010)在探究契约治理和关系治理对于知识获取的影响时，进一步地将契约治理控制为调节变量，研究发现契约治理和关系治理机制是一种互补的关系，具体来讲，是契约治理对关系治理具有强烈的正向促进作用。

表 2-3 相互替代观的代表性研究

交互关系	研究方式	代表研究
相互替代	方式一	Gencturk & Aulakh(2007)；Reuver & Bouwman(2012)
	方式二	Das & Teng(1998)；Wuyts & Geyskens(2005)；Lee & Cavusgil(2006)；Yu et al(2006)；薛卫等(2010a)；Wang et al(2011)；Betieler & Hemmert(2015)

注：表中仅列出实证研究中相互替代关系统计性显著者，既存在相互替代关系又存在相互补充关系的研究结果未被列入。

表 2-4　相互补充观的代表性研究

交互关系	研究方式	代表研究
相互补充	方式一	Poppo & Zenger(2002);Zhou & Poppo(2005);Goo & Huang(2008);Cao & Lumineau(2015);郑传斌等(2017)
	方式二	Liu et al(2009);Li et al(2010);袁静、毛蕴诗(2011);骆亚卓(2011);Arranz & Arroyabe(2012);邓娇娇(2013);Cao & Lumineau(2015);严玲等(2016)

注:表中仅列出实证研究中相互补充关系统计性显著者,既存在相互替代关系又存在相互补充关系的研究结果未被列入。

总体而言,对于契约治理和关系治理之间的交互关系,学界主要存在着以下三种观点:相互替代观、相互补充观以及两者兼容观(既相互替代又相互补充)。

2.2.2.1　相互替代观

持相互替代观的学者们认为,契约治理和关系治理的存在很大程度上是具有二元对立性质的,两者间的相互替代关系主要包括以下两种作用机制:"代替(replacing)"和"抑制(dampening)"(Huber et al,2013;Cao & Lumineau,2015)。所谓代替机制主要强调了契约治理和关系治理的功能等值(functional equivalents)性,即两种治理机制单独发挥作用时均可以发挥令人满意的功效,一者的存在可以完全代替另一者,如 Gulati(1995)、Malhotra & Mirnighan(2002)指出信任和关系规范等可以单独高效地治理组织间关系,此时契约治理机制就显得十分多余。所谓抑制机制,是指一者的存在对于另一者而言是负向的弱化力或者削弱了两者共同的合力,具体表现在一方面契约治理的存在很容易被视为是一种缺乏信任的表现,会进一步损害合作中关系治理机制发挥作用(Ghoshal & Moran,1996;Lee & Cavusgil,2006;Betieler & Hemmert,2015);另一方面关系治理机制的存在容易使得组织间过分信任彼此,轻易地绕过或淡化契约治理的过程,削弱契约的有效性(Antia & Frazier,2001;Lioliou et al,2014)。持相互替代观的国内外代表性研究成果汇总于表2-3。

2.2.2.2 相互补充观

持相互补充观的学者们认为契约治理机制和关系治理机制是二元共存和相互依赖的,两者间的相互补充关系主要包括以下两种作用机制:“促进(enabling)”和“补偿(compensating)”(Lioliou et al,2014;Cao & Lumineau,2015)。所谓促进机制,是指一种治理机制的存在创造了某种环境,可以促进另一种治理机制发挥作用。从契约治理的促进作用来看,组织间制定的契约条款明确地规定了组织的权责,同时会对机会主义行为进行惩罚,故其代表了相互间的一种长期承诺,一方面这可以在彼此间产生可靠的相互期待值,进而提高组织对合作伙伴的信任度,提升关系治理水平(Huber et al,2013);另一方面,这可以减少组织间信息的不对称性,并创造一种公平的氛围来促进关系治理的发展(Yang et al,2012)。此外,组织间制定复杂契约的过程也被视为提升彼此间相互理解程度和期望值的过程,这可以很大程度地提升相互间的信任程度(Poppo & Zenger,2002)。从关系治理的促进作用来看,组织间信任程度的提升易于在彼此间形成实现“双赢”的倾向,这就使彼此间契约签订的过程变得流畅(Bastl et al,2012)。所谓补偿机制,是指两种治理机制间可以相互弥补对方的缺陷。一方面,由于组织间的契约条款大多制定于合作开始之前,在具体执行时在一定程度上会出现各种纰漏,关系治理既可以在契约无法覆盖时发挥柔性治理作用,又可以推动各合作方基于相互间的信任和合作实际情形,在未来进一步地对契约进行重新设计和优化(Poppo & Zenger,2002);另一方面,关系治理的约束力与强制力不足很容易滋生机会主义行为,而契约治理可以很好地弥补其这一缺陷(Li et al,2010)。持相互补充观的国内外代表性研究成果汇总于表2-4。

2.2.2.3 两者兼容观

随着研究的不断深入,一些学者们对于两种治理机制的交互关系提出了新的看法——兼容观，即两者间既存在着相互替代关系又存在着相互补充关系，这一方面取决于一些情境要素，另一方面则取决于这两种机制的具体维度功能。为证实两种治理机制之间既可以相互替代又可以相互补充，基于实证研究，从前者出发，一些学者在研究两种治理机制间关系时加入了一些情境变量，如 Yang et al(2011)基于实证研究发现，在组织二元关系中，若相互间存在强关系联结(strong relationship tie)，契约治理会削弱相互间的信任程度，即二者间是一种相互替代的关系；若相互间存在弱关系联结(weak relationship tie)，契约治理会增进相互间的信任程度，即二者间是一种相互补充的关系。谢恩等(2009)则以战略联盟合作时间长短作为情境变量，实证研究发现在合作时间较短的战略联盟中，契约治理和关系治理有显著的互补关系；在合作时间较长的联盟中，契约治理和关系治理间有显著的替代关系。

从后者出发，学者们通过细分维度的方式来探究契约治理(关系治理)的不同维度与关系治理(契约治理)的交互关系。从契约治理维度细分的角度，一些学者指出契约治理的不同维度与关系治理的交互影响各不相同，如 Tiwana(2010)以 120 个外包系统开发项目为样本，在将契约治理划分为行为控制和产出控制的基础上，实证研究发现关系治理机制同契约治理中的行为控制机制相互补充，而同契约治理中的产出控制机制相互替代。Malhotra & Lumineau(2011)实证研究发现契约治理的控制维度削弱了关系治理中基于信誉的信任(goodwill trust)，而契约治理的协调维度则强化了基于信誉的信任；契约治理的控制维度和协调维度均增强了关系治理中基于能力的信任(competence trust)，但发挥作用的方式各有不同，前者主要通过明确权责，而后者主要通过建构共同的知识框架。在中国背景下，刁丽琳(2013)在探究产、学、研合作中契约治理和关系治理(信任维度)的联合作用对知识转移的影响时发现，契约治理中的契约协调与信任相互补充，共同对于知识转移产生正向促进作用；而契约控制与信任之间是相互替代的关系，削弱了显性和隐性知识转移。相对地,从关系治理维度细分的角度,一些学者也指出关系治理的不同维度与契约治理的交互影响各不相同,如 Lui & Ngo(2004)将关系治理的核心维度定义为信任,并参考了 Das & Teng(1998,2001)的信任划分方式——基于信誉的信任和基于能力的信任,通过评估二者联合发挥作用时对合作产出的影响来探究关系治理和契约治理间的相互关系,结果发现:基于信誉的信任与契约治理间是相互替代的关系,而基于能力的信任和契约治理间则是相互补充的关系。

为了从更为动态的视角对两者的关系进行剖析,除实证研究外还有一些学者通过案例研究的方式展开了探索。Olander et al(2010)基于对合作研发项目的研究发现,在不同的合作阶段,契约治理和关系治理的相对重要性也各不相同,具体而言,在探索阶段关系治理几乎可以替代契约治理;在发展阶段两种治理机制相互支持与补充;而在最终阶段,虽然两种治理机制均发挥作用,但是契约治理是被突出强调和使用的。Huber et al(2011)则基于信息系统外包合作的案例,从动态的研究视角发现契约治理和关系治理的交互关系是随着时间推移而不断动态变化的,在合作的早期阶段,两种治理机制间可能是一种相互补充的关系,但随着时间的推移会逐渐变成一种相互替代的关系,反之亦然。Lioliou et al(2014)通过对 IT 外包合作案例的研究,在关系治理中注入了新的维度——心理契约(psychological contract),并指出心理契约维度和契约治理之间是一种相互替代的关系,因为两者均可以发挥一种约束力,只是前者主要基于内心责任感引发的心理约束,后者主要基于法律的约束;关系治理的其他维度——信任、承诺、依赖和开放式沟通——与契约治理间更倾向于是一种相互补充的关系,而非替代关系。

2.2.3 契约治理与关系治理的影响因素研究

根据前文分析,契约治理和关系治理的提出主要是基于交易成本理论、社会交换理论和关系交换理论。因此,从这三大理论出发,国内外学者们有关契约治理与关系治理的影响因素研究也可以归结为两个主要的层面——组织间交易属性层面和组织间关系属性层面。从交易成本理论出发,学者们主要从组织间外部交易属性层面寻找影响两大治理机制的诸多要素,如不确定性、资产专用性等;从社会交换理论和关系交换理论出发,学者们更加关注从组织间关系属性层面寻找各种影响要素,如合作关系经历、文化契合度等。通过对已有国内外相关研究成果的梳理可以发现,从组织间外部交易属性层面来寻找契约治理和关系治理影响因素的研究占据了绝大多数,且形成了一定的共识,而基于组织关系属性层面的研究较少,尚处于起步探索阶段。

2.2.3.1 组织间交易属性层面

基于组织间交易属性层面,Poppo & Zenger(2002)、Betieler & Hemmert(2015)等基于交易成本理论指出,在组织合作中契约治理机制和关系治理机制的共同使用被视作控制交易成本和限制合作风险的重要举措。从交易成本理论出发,值得注意的是,关注交易成本最小化即已假定各合作组织主要追求自身所得,并且契约治理和关系治理都是减少机会主义行为非常有效的方式(Wuyts & Geyskens,2005)。以此为出发点,诸多学者都依托 Williamson(1985)的观点——在高交易风险(包括资产专用性和不确定)水平下,组织间需要选择某种治理机制来控制合作方的行为——将资产专用性和不确定性作为影响合作治理机制的重要因素来展开实证研究。

(1)资产专用性(asset specificity)

根据交易成本理论、资源依赖理论等,组织间的合作需要各方进行不同程度的专用性资源投资,这种专用性资产所起到的质押作用,也可以在很大程度上增强各方的合作意愿,因此资产专用性也被诸多学者们视为是影响契约治理和关系治理的重要因素。从契约治理的角度来看，学者们的实证研究结果大多相近，并没有太大争议，即资产专用性对契约治理有正向的显著影响（这也验证了交易成本理论的基本观点），合作中资产专用性程度越高，彼此间的契约治理水平越高（Poppo & Zenger，2002；梁永宽，2008；薛卫等，2010a；骆亚卓，2011；王兰，2012）。

从关系治理的角度来看，学界就资产专用性对关系治理的影响作用尚存较大争议。Zhou & Poppo（2005）、Zhou et al（2008）、骆亚卓（2011）、王兰（2012）等基于实证分析验证了资产专用性对于关系治理的正向影响显著，即合作中资产专用性程度越高，彼此间的关系治理水平越高。然而一些学者提出了许多不同甚至截然相反的看法与结论，如 Poppo & Zenger（2002）实证研究发现资产专用性与关系治理之间是一种负相关关系（但不显著），只有当资产专用性与技术不确定性同时交互发挥作用时，资产专用性才会对关系治理有正向显著的影响，且技术不确定性在两者间起一种负向的调节作用。Claro et al（2003）则实证研究发现人力资产专用性与关系治理之间不存在任何相关关系，物质资产专用性仅对关系治理的联合计划维度产生正向显著影响。Sheng et al（2006）更是指出当组织间的权力不对称程度较高时，资产专用性就会削弱彼此间的关系治理水平，即两者间存在着负相关关系。

（2）不确定性（uncertainty）

组织间合作关系的建立，必然会面对外部各种不确定性风险因素。为了保护自身的利益诉求，这些不确定性的存在必然会影响组织间合作治理机制的选择和使用。进一步讲，这种不确定性可能由潜在的多方面要素所引起，因此学者们也从多维度刻画了不确定性这一构念。基于交易成本理论，Noodewier et al（1990）、Heide & John（1990）等学者认为不确定性是指“组织间外部交易环境中难以预知的变化”，并进一步指出这种不确定性更强调一种外部环境的不确定性，一般包括市场的不确定性和技术的不确定性，国内外的大部分学者在实证研究中也都围绕以上两个主要维度展开。从不确定性对契约治理影响的角度来看，基于实证研究，国内外的学者们大致有两个主要的观点，第一种观点认为不确定性对契约治理有显著的负向影响，不确定性程度越高，组织相互间契约治理水平就越低（梁永宽，2008；王兰，2012）；第二种观点则认为不确定性对契约治理的直接负向影响显著与否是不确定的（Poppo & Zenger，2002；Zhou & Poppo，2005；骆亚卓，2011）。

从不确定性对关系治理的影响角度来看，无论是理论研究还是实证研究都存在着很大的争议。一部分学者们认为在外部不确定性水平较高的背景下，由于缺乏一定的柔性，单一契约治理是不充分的，而关系治理中的信任、关系规范等可以弥补这一缺陷，一些学者也通过实证研究证明了这一正向假设，如 Poppo & Zenger(2002)实证研究发现当技术不确定性程度较高时，组织间关系治理水平较高。Joshi & Campbell(2003)首先指出环境动态性(environmental dynamism)是环境不确定性中最核心的要素，并实证研究发现当制造商合作信念较高以及供应商知识水平较高时，环境动态性对关系治理有正向的影响。此后，Zhou & Poppo(2005)、Zhou et al(2008)以中国为背景调研采购商-供应商合作关系时也发现环境不确定性对关系治理有显著的正向影响。另一部分学者的观点则与之相反，他们认为当不确定性水平较高时会在组织间产生某种心理防范，即彼此间的信任感以及关系约束无法建立在合作风险带来的低预期水平之上。Heide & John(1990)很早便指出在环境动态性水平较高的背景下，将会极大地削弱组织间的关系亲密度。Claro et al(2003)实证研究发现环境的不确定性并没有对关系治理产生显著影响。梁永宽(2008)则发现在建设合作项目中，不确定性对关系治理有显著的负向影响，表明在不确定的项目环境下实现信息共享、目标一致等关系规范的难度很大。王兰(2012)也在实证研究发现在投资合作项目中，不确定性和关系治理之间是一种负相关关系。此外，一些学者还加入了一些调节变量来考察两者间的关系，如骆亚卓(2011)则实证研究发现当组织间处于较低信任水平时，不确定会负向影响关系治理水平；当处于较高信任水平时，不确定性则会正向影响关系治理水平。

此外，除外部的环境不确定性维度外，还有少部分学者针对组织合作内部的不确定性提出了行为不确定性或者说内部不确定性维度(Cannon et al，2000；Carson et al，2006；Vandaele et al，2007)。行为不确定性主要指合作伙伴行为的不可预知程度，即反映了一种模糊性(ambiguity)程度(Carson et al，2006；Vandaele et al，2007)。在理论研究方面，Vandaele et al(2007)认为环境不确定性在资产专用性和合作治理机制间只起到调节作用，而行为不确定性对合作治理机制才会产生直接影响，且这种直接影响在服务交易行业比在制造行业重要得多(服务交易行业以人为导向，无论是事前还是事后均对合作伙伴的行为绩效难以评估)。具体来讲，环境不确定性会弱化契约治理而强化关系治理；行为不确定性对契约治理和关系治理均具有负向的影响。在实证研究中，由于学者们认为行为不确定性大多源于 Williamson (1985)所指出的监测交易伙伴行为绩效的难度，故他们更加着重研究了行为不确定性中的“绩效模糊性(performance ambiguity)”及其“测量难度(measurement difficulty)”。Poppo & Zenger(2002)指出在业务服务交易中，环境不确定性和行为不确定性对合作治理机制可能有截然相反的影响，并实证研究发现当技术不确定性程度较高时，组织间关系治理水平较高，而当绩效测量难度较大时，并没有对关系治理产生显著影响；同时，无论是外部的技术不确定性还是内部的绩效难测性都对契约治理没有显著影响。Poppo et al(2008)在随后的研究中又进一步发现绩效难测性在很大程度上削弱了关系治理的有效性。可见学界有关行为不确定性对合作治理机制影响的相关研究也较为模糊，且固定在服务业内讨论才能更加彰显其作用。

(3)其他因素

除了以上交易风险的两大构成要素外,还有一些学者针对研究的特定情形,基于组织间交易属性层面还探索了其他影响因素。①项目复杂性。梁永宽(2008)、骆亚卓(2011)等基于对建设合作项目组织间关系的研究,分析了项目复杂性因素对合作治理机制的影响作用,前者的实证研究结果显示项目复杂性对契约治理水平有显著的正向影响,而项目复杂性与关系治理中的共同解决问题、目标一致性维度之间是显著的正相关关系,与信息共享维度之间则是负相关关系;后者的实证结果显示项目复杂性与契约治理之间是一种非单调关系,而项目复杂性对关系治理水平有显著的负向影响。②技术属性。薛卫等(2010a)针对大学与企业技术合作问题研究发现,技术属性各维度(包括技术缄默性、技术复杂性和技术战略性)均对契约治理有显著的正向影响。③项目合作周期。梁永宽(2008)实证研究发现建设项目合作周期越长,彼此间契约治理(契约履行严格性维度)水平越低。

2.2.3.2　组织间关系属性层面

基于组织间关系属性层面,Chen(2001)认为在东亚地区,组织间合作"关系"已然作为一种文化或者说一种核心要素,潜移默化地嵌入组织各项管理策略、行动之中。Chen & Miller(2011)指出合作各方彼此间的关系状态与关系质量直接影响组织间合作治理机制的选择。Betieler & Hemmert (2015)进一步地指出在东亚背景下研究跨组织合作问题,必须植根于其文化背景之中,即要从组织间关系属性层面去寻找影响合作治理机制选择的潜在因素,而不是简单地效仿西方研究,过分关注一些交易属性要素。尽管如此,综观国内外学界,从组织间关系属性层面出发对契约治理和关系治理影响因素的研究仍处于探索阶段,尚未形成固定的研究与探索方向,较有代表性的研究成果汇总于表 2-5。

表 2-5 组织间关系属性层面的影响因素

影响因素	主要观点与结论	代表研究
彼此间的长久联系(long-standing ties)	①该变量主要采用组织间建立起交易关系的时长来刻画;②实证结果显示,若组织间曾存在着较为长久的联系,关系治理水平则较高,而其对契约治理水平的影响则不显著。	Poppo & Zenger(2002); Zhou & Poppo(2005)
跨边界人员紧密度(boundary-spanner closeness)	①跨边界人员紧密度刻画的是研究中经常忽视的合作关系的微观表现——"窗口"人员的合作紧密程度;②实证结果显示这种紧密度对契约治理和关系治理都有显著的正向影响。	Ferguson et al (2005)
吸引力;文化契合度	①吸引力代表了组织对彼此间潜在的资源需求和相互依赖关系的评估,实证结果显示组织彼此间的投资吸引力显著负向影响契约治理,但显著正向影响关系治理;②文化契合度则主要包含了情感契合、意图契合、规范契合和能力与认知力契合,实证结果显示组织彼此间的文化契合度显著负向影响契约治理,而显著正向影响关系治理。	王兰(2012)
之前业务联系强度(strength of prior business ties)	①之前业务联系强度因素主要有三个考察维度:历史上的合作关系、合作关系的质量、个体层面的重要关系;②之前业务联系强度显著正向影响关系治理,虽然对契约治理也有正向影响,但并不显著。	Betieler & Hemmert(2015)

2.2.4 契约治理与关系治理的影响效应研究

综观国内外现有文献,契约治理和关系治理的影响效应最主要体现在其对最终绩效产出(performance output)的作用上(Cao & Lumineau, 2015)。这里的绩效产出是一个较为广义的概念,在具体的实证研究中学者们基于不同的情形也赋予其不同的内涵和维度,总结起来,既包括早期研究基于经济学视角所提到的交易绩效，也包括战略管理学所提到的联盟绩效、创新绩效以及合作绩效等。除此之外，还有部分学者探究了这两种治理机制对于知识转移、组织学习等的影响效应。国内外代表性的研究成果汇总于表 2-6。

表 2-6　契约治理与关系治理的影响效应

影响效应		主要观点与结论	代表研究
绩效产出相关	机会主义行为	契约治理和关系治理均可以显著、有效地削减机会主义行为。	Liu et al(2009)
		关系治理水平越高，机会主义行为越少，契约治理则对其没有显著影响。	Zhou & Xu (2012)
		契约治理、关系治理及其交互性都会直接抑制企业的机会主义行为。	高孟立(2017)
		契约治理对于削减机会主义行为的影响并不显著，而无论是关系治理的信任维度还是关系规范维度都可以显著、有效地削减机会主义行为。	Cao & Lumineau (2015)
	创新绩效	契约治理与创新绩效间呈倒"U"形关系，而关系治理则正向影响创新绩效。	Wang et al (2011)
		契约治理与技术创新绩效的创新能力维度和创新产出维度均呈倒"U"形关系，而关系治理对技术创新绩效的两维度均有正向促进作用。	王兰(2012)
	战略联盟绩效	契约治理对于联盟绩效(联盟凝聚力、稳定性以及知识可获得性)并没有显著影响；关系治理对联盟绩效有显著的正向促进作用。	Lee & Cavusgil (2006)
		以获取学习型资源为动机的联盟中，契约治理和关系治理均有利于促进联盟绩效(个体和整体绩效)；以获取非学习型资源为动机的联盟中，契约治理有利于促进个体绩效，关系治理有利于促进整体绩效。	郑丽景、龙勇 (2012)
	交易绩效	交易绩效主要用组织的满意程度来刻画，反映了彼此间的治理效率；契约治理和关系治理均对最终的交易绩效有显著的正向促进作用。	Poppo & Zenger (2002)；Ferguson et al (2005)；Poppo et al(2008)

续表 2-6

影响效应		主要观点与结论	代表研究
绩效产出相关	合作绩效	契约治理与产学合作绩效之间呈倒“U”形关系；关系治理的参与度和信息交流维度对产学合作绩效有显著的正向影响。	薛卫等（2010a，2010b）
		创新探索阶段，契约治理对合作绩效有更为显著的正向影响；创新建立发展和成熟完备阶段，关系治理对合作绩效的正向影响显著，契约治理的影响不再显著；创新衰退阶段，两种治理机制对合作绩效的影响都不再显著。	Huang & Chiu (2018)
	合作产出	合作产出被划分为知识获取和合作满意度两个主要维度；关系治理对合作产出的两个维度均有显著的正向影响，而契约治理仅对合作满意度有显著的正向影响。	Betieler & Hemmert(2015)
	项目绩效	契约治理机制和关系治理机制均对建设项目绩效有显著促进作用。	骆亚卓(2011)
		公共项目的契约治理机制和关系治理机制均对项目治理绩效有正向影响，同时项目治理绩效会进一步促进项目管理绩效。	邓娇娇(2013)
知识流动相关	知识转移 知识获取 知识共享	契约治理和关系治理均有利于组织间的显性知识获取；只有关系治理的共享目标和信任维度显著促进组织间的隐性知识获取。	Li et al(2010)
		关系治理(信任)正向促进组织间的知识转移；只有契约治理的控制维度对组织间的知识转移有正向的促进作用。	Zhang & Zhou (2013)
		产学研合作中，关系治理(信任)对于组织间的显性和隐性知识转移均有显著促进作用；契约治理中的契约协调维度和控制维度均有利于组织间的显性知识转移，而契约控制维度不利于组织间隐性知识转移。	刁丽琳(2013)
		关系治理机制对于组织间知识获取和知识共享均有正向的促进作用，相反，契约治理机制对两者均没有显著影响。	刘文霞等(2014)
	组织学习	产学合作中，契约治理和关系治理均有利于促进组织开展学习。	薛卫等(2010b)

在实证研究中，根据前文可知，一些学者们在考察契约治理和关系治理间相互关系时，经常通过观察两种治理机制联合发挥作用时对进一步绩效产出的影响，来判别两者之间的交互关系，因此，在研究两种合作治理机制的影响效应时，一方面会考察二者的交互项（中心化后两者乘积）与绩效产出等的相关关系；另一方面也会选择一些中介或者调节变量来更加深入地探究组织间合作治理机制的影响效应，有时这些中介/调节变量就是这两种治理机制的一种，有时也会引入一些新的变量，如环境不确定性（Wang et al，2011）、过程公平和任务冲突（王兰，2012）、政府支持度（Sheng et al，2018）等。目前来看，前一种研究方式占据了大多数，而后一种较为深入的研究方式在近些年开始逐渐出现，代表了未来研究的一种趋势。

2.3 组织间合作绩效相关研究

2.3.1 合作绩效的内涵及衡量

管理学中常以绩效作为结果变量来衡量影响因素变化所产生的不同效果。绩效是指在一定的制度安排下人们行为努力的结果。它不仅指的是以货币计量的收入，也包括个人或集团表达对现状满意程度的所有指标，如产出的增加、效率的改善、公平程度的提高、成本或交易费用的降低、激励水平的提高等，都可称之为绩效的改善（罗必良，2000）。有效的绩效评价有助于发现组织合作创新中的关键要素，而合作创新绩效可用技术合作的实现、核心竞争力的提升等作为合作创新绩效的评价标准（任强，2012）。

早期国外对合作绩效的相关研究主要从财务绩效的角度，也就是经济结果的角度来考虑，故指标多集中于反映利润率、市场效果、客户满意状况等。在这种背景下一些国外学者针对合作绩效指标的主观性和客观性问题展开了讨论，Anderson(1990)认为由于合作形式和合作目的的不尽相同，纯粹以客观性指标来衡量合作绩效不妥，但Geringer & Herbert(1991)研究发现了主观衡量指标和客观衡量指标之间存在着显著的正相关关系，有时可以直接进行主观评估，主客观指标的选取并不存在根本上的冲突。之后学者们开始逐渐拓宽对合作绩效的考察维度，McGee et al(1995)将合作绩效分为绝对绩效和相对绩效，其中相对绩效用目标实现程度、利润率及利润增长率来衡量，绝对绩效以客户满意度、物流成本、获利能力以及关系持续状况来衡量；Zollo et al(2002)将合作绩效测量的维度分为直接绩效和间接绩效，间接绩效的测量指企业从合作中获得的竞争优势，既可用企业自身的营利性指标表示，也可以用企业竞争优势的提升来表示，直接绩效的测量可以用对合作目标实现的满意度来测量。Ambrose et al(2007)则从短期绩效和长期绩效来进行评价，他认为供应链成员企业间的短期绩效是为了通过市场效率来获取利润，而长期绩效则依赖于建立良好的伙伴关系。

从国内的实证研究来看，一部分学者采取了主观绩效和客观绩效相结合的方式来衡量合作(创新)绩效，如李随成、杨婷(2007,2009)认为主观绩效包括合作满意度、合作目标达成度、自身研发风险降低、企业自主研发能力提升，客观绩效包括新产品投入市场速度、新产品种类、产品生产成本的降低幅度等；王浩、梁耀明(2011)也认为绩效评价的具体实施不仅要考虑对组织预期目标和计划的实现程度以及影响该目标和计划实现的过去行为的效率和效用实施评价，必要时还要考虑对利益相关者的满意程度进行评价。另一部分学者偏重于从主观性指标方面来考察合作绩效，如潘文安和张红(2006)将合作绩效的评价指标设置为盈利能力、目标达成度、关系持续度、客户满意度；薛卫等(2010a,2010b)则主要从技术知识获取和技术能力提升两个角度来衡量产学合作绩效；李玲(2011)认为合作绩效的衡量主要包括关系稳定程度、合作满意程度和创新能力提高程度，均得到了较为广泛的应用。

2.3.2 合作绩效的影响因素

跨组织合作绩效受到多方面因素的影响，在当前国内外研究中，不同的学者依据不同的方法对这些影响因素进行了评价和分类，并运用不同的模型框架来解释其对合作绩效的影响。一般来说，跨组织合作涉及合作发起、伙伴选择、合作的建立、合作的实现及合作的终止这一整个过程。Rothwell(1992)通过研究鉴别了大量合作创新成功因素(合作创新成功代表合作产生了良好的绩效)，如建立良好的内外部沟通、把创新作为一项合作任务、缜密计划并控制创新项目、提高工作和产品的实施效率、强有力的市场定位、为顾客提供良好的技术服务、关键人物的存在、提高管理水平、发展创新和企业家文化等。Marxt & Link(2002)将合资企业的合作创新成功因素归纳为结构、文化及风险这三个方面，他们根据合作的发起、合作伙伴的选择、合作的建立、合作的实现及合作的终止这一系列流程，归纳了战略层面上和操作层面上的成功影响因素，具体见表 2-7。

除了上述从项目合作过程角度的分析，外部环境因素也是影响跨组织合作绩效的因素。Oliver(1990)特别强调了当前执行的法律或规定、相关机构反对或中立的态度等对跨组织合作的重要作用，并相应命名为“合法性”与“必要性”。Liu & Shou(2004)列出了 15 个影响战略联盟形成的因子，可以主要归纳为三大类别因素：一是宏观环境的因素，主要包括目标市场的法规限制、政府对联盟的支持程度等；二是产业环境因素，主要包括企业所处产业的增长阶段、集中程度、产品标准化程度，以及技术本身的强度、创新速度、开发成本、时间压力、目标承诺和能力等；三是组织环境因素，主要包括企业自身的规模，过去的合作经验、业务竞争地位、研发的重要性认识，以及业务扩张的意图等。

表 2-7 合作绩效(合作创新成功)影响因素

	结构	文化	风险
发起	详细的 SWOT 分析； 清晰的战略定义； 项目清晰可实现的目标	合作文化的开发； 合作经验； 积极的态度	风险对话； 风险认知； 愿意忍受、分享风险； 项目分析
伙伴选择	所需资料； 战略匹配； 伙伴间的平等性； 相似的结构； 过去的经验	文化兼容性； 相同的价值观； 对伙伴关系的承诺； 信任、开放、诚实； 对能力的信心	伙伴对风险和信息分享的准备； 对安全和风险相似的预测； 伙伴风险分析
建立	“双赢”； 详细的项目目标； 所有伙伴认同目标； 初始合作协议	高层管理间信息交换； 信任的建立； 处理文化差异	互惠互利和相互依存； 联合项目风险分析； 正式的风险和利益分享协议
实现	责任、规则； 经验及社会技巧； 有效控制； 合作支持	高层管理的承诺； 交流频繁性； 创造团队精神； 有效的冲突解决	系统风险管理； 项目控制以鉴别风险； 避免过分学习模仿(avoid outlearning)
终止	整体分析合作的发展； 项目间的技术要领转移	建立良好的人际关系； 愿意进一步发展合作	了解风险和项目成败

资源来源：Marxt C，Link P. Success factors for cooperative ventures in innovation and production systems. International Journal of production Economics，2002，77(3)：219-229.

另外，Giuliania et al(2010)认为，影响合作建立及绩效的因素包括两个层面：一是研究者个人层面，二是组织层面，包括机构的类型、规模和同事员工的关系。Sugandhavanija et al(2011)对泰国光电技术转移领域的产、学合作进行研究后，分别从高校、产业和联合治理机制三个方面探讨了影响产、学合作的影响因素，并细分为 25 个具体的指标。张昌松等(2002)认为影响大学企业合作创新选择的因素包括：合作主体因素(投入、合作历史、知识和能力的互补性)，合作客体因素(技术生命周期、技术复杂性等)，合作主体间沟通因素，以及主、客体所处的环境因素。朱铭(2006)将基于相对闲置资源的企业合作创新项目绩效的影响因素概括为项目特征因素、项目团队因素、相对闲置资源因素、保障因素、环境因素5个方面，项目特征因素主要考虑项目倡导者的特质、项目的文化影响及项目合作经验；项目团队因素则从项目的团队建设、伙伴关系及软能力这三个方面进行分析；相对闲置资源因素主要包括相对闲置资源的投入和匹配两个方面；在保障因素中，从过程控制、风险责任及利益分配机制三个方面来进行研究；环境因素是影响合作创新项目的外部因素，包括了市场因素、地理位置。薛卫等(2010a)指出大学与企业属于两种不同类型的组织，其合作动机有着非常大的差异，在这种情况下，能否有效地管理企业与大学的技术合作过程，通过相匹配的合作治理机制来实现对障碍因素的控制，是决定企业与大学技术合作成功的关键。林庆藩和余建辉(2012)认为，企业成立年限、企业规模、销售收入、吸收能力、合作意愿、地理距离以及技术合作模式等都会影响校、企技术合作绩效。基于此考虑他们从有形绩效和无形绩效两个方面设计校、企技术合作绩效的评价指标，前者包括产品品质提升、生产工艺水平提升、产品技术标准提升、专利拥有数量增加、销售收入增长，后者包括合作目标完成度、知识储备增加、技术人员水平提升、技术创新周期缩短、新知识拓展使用强度，并采取熵权法确定了绩效评价指标的权重，得到了各样本的加权绩效评价值，达到了绩效指标降维的效果，最后利用逐步回归分析方法进行了实证分析。

2.3.3 合作绩效的评价方法

在此，本书重点结合产、学、研合作等跨组织合作绩效的评价方法，以及当前农业技术推广绩效等方面的评测，将合作绩效评价方法主要归纳为以下几种。

第一，因子分析法/主成分分析法。因子分析法/主成分分析法是旨在以较少的几个因子反映原资料的大部分信息，或利用降维的思想，把多指标转化为少数几个综合指标的一种方法。这是一种基于客观信息的综合评价方法，在指标权重选择上克服了主观因素的影响，避免了人为因素带来的偏差，有助于客观地反映样本间的现实关系。申红芳等(2012)对基层农业技术推广考核激励机制的现状及其对推广人员行为和绩效的影响进行了分析，其主要选取了沟通行为、指导次数、指导及时性、指导方式、工作态度和指导内容6个方面指标来衡量农技推广人员的推广行为，并从农户角度选择了增产效果、农户满意度、指导作用和农民素质提升4个变量来反映推广行为所产生的推广绩效，最后，采用因子分析方法来综合评价了农技推广人员的推广行为和推广绩效。廖西元等(2012)则采用因子分析法构建出推广的增产效果、农户满意度、指导作用和农户种稻素质提升这4个绩效评价指标。

第二，计量回归法。计量回归法是研究各变量相依关系的统计分析方法，其基于观测数据建立变量间适当的依赖关系，以分析数据内在规律。杨雷(2011)主要是从员工的知识水平提升、产品及生产技术质量的改进和创新以及财务指标等角度来衡量跨组织合作的知识流绩效，用SPSS16.0分别进行了描述性统计分析、量表的效度和信度检验、变量间的相关性检验、方差分析、多元层次回归分析，以验证其研究假设。任强(2012)采取李克特7点量表尺度计分法，在SPSS中将量表变量的类型设置为次序尺度或等级尺度(Ordinal)，运用多元统计回归方法发现：合作网络嵌合程度通过未来期望、关系经验、适应能力、信任与沟通、技术匹配度5因素影响企业合作创新绩效；组织间互动强度通过未来期望、适应能力和技术匹配度3因素影响企业合作创新绩效。

第三，模糊综合评价法。模糊综合评价法是一种基于模糊数学的综合评标方法,该综合评价法根据模糊数学的隶属度理论把定性评价转化为定量评价,即用模糊数学对受到多种因素制约的事物或对象做出一个总体的评价。它具有结果清晰、系统性强的特点,能较好地解决模糊的、难以量化的问题,适合各种非确定性问题的解决。林盛杰和张家皋(2000)运用模糊综合评估法,选择学、研对合作的贡献,企业对合作的贡献,产、学、研各方良好的关系以及效益分析等指标建立了产、学、研合作质量评估体系;曹静等(2010)从合作创新环境、合作创新投入、合作创新产出、合作创新运行和合作创新效果5个方面评价产、学、研结合技术创新绩效评价指标体系,并采用模糊积分评价方法对各指标进行测算。徐彬和段晓明(2011)采用格栅获取、模糊 Borda 数法和直接赋权法确定了指标体系的权重,再根据多层次模糊综合评价法,以成都地区某农业科技型企业为例,对其科技成果推广绩效进行综合评价。

第四,案例集对分析法。集对是由有一定联系的两个集合组成的基本单位,集对分析是一种基于一定问题背景,对一个集对所具有的特性作同、异、反等辩证和定量分析的一种系统和数学分析方法。李新荣(2013)在论述产、学、研合作项目绩效评价指标设计原则的基础上,从投入与产出两方面设计项目绩效评价指标,前者包括合作项目组成员、合作经费投入、依托平台、合作时间等评价指标;后者则包括科技成果产出、经济(或社会)效益、成果应用等评价指标,在此基础上,他进一步运用集对分析的思想方法建立高校产、学、研合作项目绩效评价的方法与模型,并举例说明其初步应用。

第五,其他方法或复合方法。叶选挺等(2009)将知识生产函数应用于科技合作计划项目绩效定量评价的研究,构建了符合计划项目特点的绩效评价模型和投入产出指标体系,并根据上述指标体系,采用专家评定法确定权重值,对于无法人为确定权重的一级指标,采用基于熵的综合赋权法确定权重值。谢志宇(2004)认为应采用综合性的指标来度量产、学合作绩效,以此为出发点设计了财务、技术转移、技术创新和合作的满意度4个方面的测量指标，并运用结构方程模型分析、方差分析、因子分析等方法对其进行了验证。张淑云(2011)运用层次分析和模糊综合评判相结合的方法，基于农户视角对推广组织的服务绩效(技术供给能力、技术服务质量和技术服务效果)进行了评价。

2.4 文献简评与总结

通过以上对国内外相关文献的梳理与分析，可以发现已有研究还存在许多不足之处。

(1)从邻近性的相关研究来看，早期组织间邻近性的研究大多集中在产业经济和创新系统的研究中，因而对于地理邻近性的关注度较高。然而随着信息化(减少了空间邻近性的影响)和全球化(增加了非空间邻近性问题)的深入，如组织邻近性等诸多非空间邻近性维度在组织间合作中扮演的作用越来越重要。虽然学者们开始逐步跳出地理邻近性的单一维度束缚，开始探究其他非空间邻近性的影响作用，但是就目前的研究成果来看，仍存在很多不足，这一方面体现在现有研究过分关注于邻近性的维度划分，对每一邻近性维度的具体边界以及各邻近性维度间的相互关系论述较少，这直接导致所划分的邻近性各维度间存在着很大程度重叠，混淆不清；另一方面从研究方法上来看，邻近性的相关研究理论推演过多，有关非空间邻近性维度的具体内涵框架、实证测度等研究几乎没有，而这恰恰应该是研究的重点所在。与此同时，学界有关邻近性与组织合作创新的相关研究也处于起步探索阶段，一些学者们已经基于理论研究和一定的实证研究初步发现了组织间的邻近性对组织合作关系的影响，但是结论大多较为笼统，若想进一步揭开两者间关系的“黑箱”，还需要更多的细化研究。

（2）从组织合作治理机制研究来看，首先，在契约治理和关系治理的内涵与维度划分方面，关系治理相较于契约治理，其维度划分具有较大的争议，在实证研究中对其考察也较为混乱，大部分学者偏重于从内在规则（信任）或者外在关系规范其中一个方面来考察关系治理；其次，在契约治理和关系治理二者的交互关系方面，虽然相关成果很多，但是却忽略了对两者关系研究方式的不同可能会带来结果的差异，未能思考特定情形下哪一种研究方式效果更佳；第三，在契约治理和关系治理的影响因素方面，组织间交易属性层面的资产专用性和不确定性因素对关系治理的直接影响仍存在着较大争议，同时，以组织间关系属性层面为切入点来考察对两种治理机制的影响虽已成为学界关注的重点，但仍未寻找到合适的变量来加以解释；最后，从契约治理和关系治理的影响效应来看，虽然很多学者证实了其对绩效产出的作用，但是针对合作绩效的研究较少，且具体发挥作用的路径机制仍需进一步细化探究。

（3）从组织间的合作绩效研究来看，无论是其内涵、影响因素分析还是相关的研究方法，都已较为成熟。由于合作绩效变量经常作为因变量或者结果变量而存在，因此这一反映合作产出的构念在应用时具有较强的柔性，可以在实证研究中根据不同的情境和偏好，从不同角度予以考察。然而综观国内外相关文献，很少有对农业推广组织间合作绩效的系统研究，因此未来展开合作农业推广情境下的绩效产出研究是很有必要的，可以弥补相应的理论空缺。

综合以上三方面的分析，基于我国多元合作农业推广的实践，本书在参考了产业组织理论中的SCP（结构/关系—行为—绩效）研究范式基础上，建立起了“组织邻近性—合作治理机制—合作绩效”的分析框架。通过对国内外文献的梳理，从总体上讲本书建立此核心分析框架主要出于以下的考虑：组织邻近性对于最终绩效产出的影响更多的是一种间接影响而非直接影响，需要进一步在两者间寻找中间作用变量；对多元农业推广领域相关的组织邻近性、合作治理机制以及组织合作绩效等研究在学界尚属首次，具有较好的理论研究价值；以合作治理机制作为中间变量，可以实现双重效果，一方面以组织间关系属性层面为切入点来考察对两种治理机制的影响已成为学界关注的重点和难点，而组织邻近性恰好反映了组织间所具有共性的“类”或“群”的关系特征；另一方面，虽然现今一些实证研究指出组织间邻近性对合作绩效有显著的影响，但是中间的作用机制尚存“黑箱”，若打开它还需进一步挖掘中间变量，而组织间合作治理机制已被很多学者视为影响最终绩效产出的关键要素。

在建立起“组织邻近性—合作治理机制—合作绩效”的核心分析框架后，针对前文所指出的已有研究不足，从微观角度本书还将做出以下较为创新性的尝试：第一，在分析组织间多维邻近性与农业推广组织横向与纵向合作关系的基础上，提炼出合作农业推广中组织邻近性的内涵及维度。第二，基于多元合作农业推广的实践状况，对契约治理和关系治理的内涵维度进行界定，尤其是针对关系治理，本书尝试打破内在规则和外部关系规范两维度分割的局面，将两者糅合起来对关系治理维度进行界定。第三，在主分析框架中加入调节变量和中介变量，以更好地展现变量间的关系路径与作用机制，具体来讲，一方面由于前文已指出基于组织间交易属性层面的资产专用性和不确定因素对于关系治理的直接影响备受争议，故本书探索性地将资产专用性和环境动态性变量作为调节变量，观察两要素在组织邻近性和关系治理机制间是否起重要的调节作用而非直接作用；另一方面为了更好地弄清契约治理和关系治理对合作绩效的作用机制，本书引入知识转移变量作为中介变量，并通过构建相应的中介模型来验证契约治理机制和关系治理机制如何通过知识转移的中介传导机制来最终影响合作绩效的。此外，本书还针对难度较大的农业推广合作绩效测度问题做出了一定的探讨与尝试。

第3章

多元农业推广中组织邻近性对合作治理机制的影响

合作农业推广形成了一个由不同类型农业推广组织组成的网络，在这个网络中，不同的组织有着不同的利益诉求和愿景，经济因素、价值观念、文化、制度规范、技术要素等都融于组织的行为之中，这个合作网络在形成和建构的过程中实际上也就是不同类型组织间在横向和纵向合作交互的结果。因此本章第一部分首先分析组织间哪些维度的邻近性要素与农业推广横向合作和纵向合作存在着密切的关系，并在此基础上进一步界定多元农业推广中组织邻近性的内涵与维度；第二部分主要对多元推广组织间合作治理机制（包括契约治理机制和关系治理机制）的内涵与维度进行界定；第三部分主要从理论角度分析合作农业推广中各主体间的组织邻近性对合作治理机制的影响，这既包括组织邻近性对契约治理机制和关系治理机制的直接作用，也包括环境动态性和资产专用性在组织邻近性和关系治理机制之间的调节作用。

3.1 多元农业推广中组织邻近性维度的分析与界定

3.1.1 组织间多维邻近性与农业推广组织合作的关系分析

自20世纪90年代以来，研究邻近性与组织合作创新、产业集聚等的关系已成为区域经济学、创新经济学关注的焦点。这一概念最初被使用时主要指代主体间的地理邻近性，即各主体在空间上的接近程度。然而随着信息化（减少了空间邻近性的影响）和全球化（增加了非空间邻近性问题）的深入，大多数学者逐渐认可邻近性具有多维性这一观点。但是国内外有关邻近性的研究尚处于起步和探索阶段，关于邻近性的内涵、维度划分等仍存在着很大争议。在这里，本书将合作农业推广中各类组织间的邻近性界定为在一定的合作网络中具有不同资源的主体（包括政府推广机构、企业、科研院所、大专院校等）在交互行动的推广实践中所具有的共性的"类"或"群"的特征。

通过梳理邻近性相关的国内外文献，可以发现出现频率较高的邻近性维度主要包括地理邻近性、组织邻近性、制度邻近性、文化邻近性、社会邻近性（关系邻近性）、认知邻近性和技术邻近性，其中地理邻近性出现的频率最高。与此同时，学者们对于邻近性的考察也大多是从两个视角出发，即一般层面和二元关系层面（Knoben & Oerlemans，2006）。在一般层面邻近性是指在一个空间网络内各主体所具有的"类""群"特征；在二元关系层面则聚焦于两个主体或区域之间具体的特征相似性程度。参考了 Knoben & Oerlemans（2006）的综述研究成果，表3-1列出了以上多维邻近性在两个不同分析层面的内涵。

表 3-1　多维邻近性两大分析层面

多维邻近性	一般层面	二元关系层面
地理邻近性	主体附近的集聚	两主体间的空间距离
组织邻近性	同一网络中是否结构等值或结构相近	主体间组织结构的相近程度
认知邻近性	是否属于同一"实践社群"("圈子")	两主体的认知距离相近程度
文化邻近性	主体所处区域文化的相似性	两主体间(组织)文化的相似程度
制度邻近性	国家间制度的异同	两主体间(组织)制度的相似程度
社会(关系)邻近性	是否属于同一"实践社群"	两主体与第三方组织在社会关系上的相似
技术邻近性	主体吸收外部知识、技术的能力	两主体共同决定的相对吸收知识的能力

资料来源：Knoben J，Oerlemans L. A. G. Proximity and inter-organizational collaboration：a literature review. International Journal of Management Reviews，2006，6(2)：71-89.

在合作农业推广中，多元农业推广组织间的合作关系与组织间的邻近性存在着相互影响、协同发展的关系。各类组织在进行推广合作之前所固有的邻近性影响着农业推广合作关系的形成，而当多元农业推广组织间合作关系形成之后，组织间的邻近性也会随着合作进程发生相应的改变。在推广合作的全过程中，影响合作进程的邻近性维度较多，本书根据多元农业推广组织间合作关系形式的不同，将会分别讨论多元农业推广组织间邻近性与创新产生、扩散与采用等纵向合作的关系，以及多元农业推广组织间邻近性与横向合作的关系。

3.1.1.1　组织间多维邻近性与多元农业推广组织横向合作的关系

横向合作是不同的农业推广组织在推广过程中开展的平行合作。合作形式包括共同销售某种物化成果、推广中的资源共享、推广中进行联合服务以及相互间的人才培养与交流等。在农业推广实践中，具体合作形式的采用与所推广技术的属性(公共技术、准公共技术、私人技术)也有着很大关系。特别是对于推广一些准公共技术或者私人技术的活动来讲，横向合作实际上更是一种带有竞争性的合作关系。

具体来讲，共同销售这一合作形式主要是针对一些物化成果而言的，如农业技术推广站和农业企业合作销售一些具有公共物品属性的农资产品，可以采用共同销售的模式，拓宽销售渠道，发挥销售的规模优势。推广中的资源共享和联合服务的形式则较为常见，比如行政型农业推广组织或教育、科研型农业推广组织与自助型农业推广组织在农业生产的不同阶段，基于一些公共的合作平台，采用联合服务、资源共享的形式，通过租赁农业机械、现场发放知识手册、田间指导培训等方式，为农户提供推广服务。

从推广组织横向合作的角度来看，可以重点从地理邻近性、技术邻近性和认知邻近性三个主要维度来讨论其对组织合作的影响。

(1)地理邻近性与农业推广横向合作的关系分析

地理邻近性一般是指主体之间的物理距离。一些学者也曾研究过地理邻近性对于组织合作的影响，如 Cantner & Meder(2007)从经济地理学角度，分析了地理邻近对科研合作的影响，提出多种假设，并肯定了地理邻近在科研合作中的重要性。

在多元合作农业推广中，地理邻近性也就是各类型农业推广组织在地理位置上的接近程度。推广组织在选择推广合作对象时，需要识别对方的农业技术研发能力，推广网络建设水平、合作的诚信度和信誉等因素，以确保满足自身要求或与自身的合作战略相匹配，进而可以促进合作目标的实现。而地理距离造成的信息不对称，可能导致推广组织无法全面掌握合作对象的情况，使推广合作的最终目标无法达成。当前，我国的农业推广主要是农业技术推广，故最主要的任务就是如何将有形的或无形的科技成果推广至农业生产一线应用，进而将科技转化为现实的生产力。现实中对于农业推广覆盖面的高要求决定了多元推广组织间的地理邻近性对于农业推广的横向合作有着重要影响。

在建立横向合作关系前，组织一般会通过区域瞄准的方式来选择合作对象，也就是说组织会以一定的辐射区域为基准选择其横向合作对象，以方便推广合作活动的进一步开展。组织间所开展的推广横向合作是一种平行合作，由于农业技术推广必须深入农业生产一线对农民进行技术指导，需要消耗大量的人力、物力和财力，因此只有与合作对象的地理距离更为接近，在横向合作过程中才能更好地实现各方金融、物质、人力、渠道等资源的优势共享；才能使合作各方处于更为相似的推广环境(熟悉了解项目实施区域的农业生产环境条件)，提高各方的合作契合度；才能推动合作各方更加频繁的沟通与交流，促进隐性知识(特别是无法书面表达的推广技术、方法、经验等)的传递与共享；才能及时反馈并共同解决合作推广中存在的各种问题。

(2)技术邻近性与农业推广横向合作的关系分析

Knoben & Oerlemans(2006)认为技术邻近性从其一般层面上的意义来讲代表了主体吸收外部知识、技术的能力。然而这种能力正是建立在组织依托各种资源所形成的核心技术能力之上的，因此在多元合作农业推广的框架下，技术邻近性也就是代表了组织依托一系列的资源所形成的推广技术能力的相近程度。

组织之间技术邻近程度较高，不仅可以增强合作双方对技术知识的相对吸收能力，加快知识的快速流动和转移，而且也有利于双方建立合作创新机制，加速推陈出新。围绕合作农业推广项目，技术邻近性决定了横向合作中各组织间技术的互补性，进而影响了组织间的合作交互程度。从组织间知识互动的角度来看，组织间技术的互补性越强，意味着相关的技术知识在组织间更多的是进行双向的流动和交换；组织间技术的互补性越弱，意味着相关的技术知识在组织间更多的是进行单向的交流。因此，在农业推广的横向合作过程中，若组织间的推广技术能力越相近，就越能推动合作各方之间的技术知识进行双向的流动和交换，也就提升了各组织间技术的互补性。各组织在识别并吸收了外部的技术知识后，自身的核心技术能力也得到了提升，这种合作的交互性在一定程度上也会影响到农业推广的合作绩效。

(3)认知邻近性与农业推广横向合作的关系分析

认知邻近性是不同组织之间拥有相似的认知事物的方法，相似的沟通手段和模式，能在相似的经验、共同的语言、知识的基础上进行有效的沟通和交流。相似而并非一致的认知水平可以促进知识的流动和转移，促进创新活动的产生(李琳和韩宝龙，2009)，同时认知邻近也能提升信息获取的速度和效率(Boschma，2005)。

在农业推广横向合作关系中，认知邻近性的主要表现形式有：①农业推广横向合作中的目标认知邻近。合作伙伴具有相近的目标认知，就是以最大化地提升推广的绩效为核心目标。②农业推广横向合作中的流程认知邻近。合作伙伴具有相近的流程认知，就是可以在合作推广的各个流程环节中保持协调一致。③农业推广横向合作中的行为认知邻近。合作伙伴具有相近的行为认知，就是在合作推广实践中相互间可以理解彼此处事的行为与方式。④农业推广横向合作中的价值认知邻近。合作伙伴具有相近的价值认知，就是在合作推广实践中具有相似的价值观念和利益取向。

在农业推广的实践中，推广活动基本上是以项目方式开展的，所以合作基本上是以项目为纽带的。这种项目式的合作很容易造成角色、责任不明晰，竞争合作关系不明确等问题。在这种情况下，合作伙伴往往会表现出合作倾向性程度不高、合作意愿不坚定、合作行为不积极，甚至出现了一些仅仅为套取项目经费而参与推广项目的现象，这很大程度上导致了合作推广的低效和失败。而认知邻近性可以为合作农业推广提供重要的认知基础和协作保障。具体来讲，农业推广组织间进行横向合作的最终目的是在特定领域内实现资源、知识技术等的共享，最终取得互利共赢的效果。跨组织的横向合作必然会涉及诸方利益的调和问题，各合作方之间的冲突和竞争是不可避免的。因此，在合作农业推广(尤其是物化技术推广)过程中，首先必须形成对这种已存在的竞争合作关系的一致认知。在形成较为一致认知的基础上，进一步理顺相互间在推广的哪些环节、领域展开相应的竞争与合作。出于农业推广工作在农业发展中的基础性地位考虑，各方应形成这样的认知：推广合作更应以合作为主导关系，弱化竞争性因素，围绕合作项目致力于提升合作的质量与参与度，避免使推广合作项目成为多方竞争牟利的工具。形成较为稳定的长期合作关系，既可以潜移默化地提升自身的内实力，也为未来的发展创造了更大的机会空间。

3.1.1.2 组织间多维邻近性与多元农业推广组织纵向合作的关系

农业推广组织之间的纵向合作，主要是围绕着某项技术创新成果，针对创新产生、试验开发、扩散与采用的全过程而构建起的链条式的合作关系，这尤其是以一些物化成果的经营开发为代表。纵向的合作关系相比横向的合作关系会更加复杂，对于相互间的关系要求更高，更加强调了推广组织之间的兼容性关系。如现今农业推广中的校企合作等，高校通过采用技术转让、技术承包、技术入股、技术依托单位推广等方式将某些创新交由企业进行试验开发、扩散，进而共同合作完成技术创新成果从产生到试验开发再到扩散采用的全过程。

在农业推广中，通俗地讲，只要是有助于解决问题的、与推广对象生产与生活有关的各种新的实用技术、知识与信息都可以理解为创新。纵向合作根据合作各方的关系紧密度差异，大致可以分为低度合作和高度合作。在农业推广纵向合作中，较低度的合作即合作方各自只负责其中的某一环节，如现实中存在的技术转让、技术承包、委托开发等合作形式，高校或科研院所等上游组织提供创新成果，农民专业合作组织、企业等负责下游的试验开发、推广与扩散等工作。较高度的合作，即合作各方共同参与创新产生、试验开发、扩散与采用的全过程或者某些过程，如现实中存在的联合攻关、共建实体、内部一体化（如企业型推广组织建立自己的研发中心，两个或两个以上推广单位整合为一个规模更大的一体化组织等）等合作形式，这就使得纵向合作更为紧密，合作各方风险共担、收益共享。

相对于农业推广组织间的横向合作，地理邻近性对于推广组织间纵向合作的影响没有那么明显。由于纵向合作是基于某种创新由产生到扩散的整个流程环节来进行的，因此合作各方没有必要时刻保持较近的地理距离，也就是说在推广纵向合作中可以频繁实现跨区域组织间的联结。无论是较低度的还是较高度的纵向合作，一般情况下只需要在关键的节点和流程上进行面对面的沟通交流即可。日常的交流与沟通可以通过网络等工具来实现，共建实体、内部一体化等合作形式下新建的实体更是可以方便地实现合作项目核心成员间的密切互动。因此，从纵向农业合作推广的角度来看，可以重点从技术邻近性、关系邻近性和认知邻近性三个主要维度来讨论其对组织合作的影响。

(1)技术邻近性与农业推广纵向合作的关系分析

与横向合作不同，农业推广组织间的纵向合作更为复杂，风险性更大。围绕合作农业推广项目，技术邻近性主要影响了纵向合作的各组织间技术的兼容性。在建立纵向的合作关系之前，组织一般会以技术瞄准的方式来寻求合作对象。在纵向合作过程中，若合作各方的核心技术能力越相近，就越能更好更快地找到技术合作的契合点，进而明确自身的技术角色定位、发挥自身优势；越可以围绕某项创新由产生到推广扩散的整个流程环节进行配合，提升合作的兼容性。对于技术邻近性的评估，是纵向合作顺利开展的先决条件，若纵向合作中各组织间的核心技术能力相差较大，合作项目很容易出现相互推诿、技术脱节、认知冲突严重等问题，各组织也就很难围绕着创新由产生到扩散的各个环节协调运转，造成合作绩效水平的低下。

(2)关系邻近性与农业推广纵向合作的关系分析

Knoben & Oerlemans(2006)认为关系邻近性，也就是社会邻近性，从其一般层面的意义上来讲指各主体是否属于同一“实践社群(communities of practice)”。这里的“实践社群”,也就是我们所讲的“圈子”。长久以来,中国社会十分重视“人情”“圈子”“关系网”等,同属于同一个“圈子”,一方面意味着组织间存在着特殊的关系历史(如一方从另一方中改制而来)或者曾经保持了较为长久的合作关系;另一方面则意味着组织个体成员(特别是中高层管理者)相互间存在着较为紧密的关系。对于纵向推广合作,这种关系邻近具有很大影响:在建立合作关系时,组织间关系越邻近,就越会成为合作优先选择的对象;在纵向合作过程中,关系越邻近,组织相互间会更加信任与包容,可以提升合作的契合度,提升合作的稳定性。但不得不说的是,若推广组织相互间的关系邻近程度过于紧密,则可能会出现“知识锁定”等不利情况,导致无法为合作注入新的知识,也就无法形成新的突破性创新。

(3)认知邻近性与农业推广纵向合作的关系分析

纵向农业推广合作较为复杂、存在诸多障碍最主要体现在难以形成以合作为导向的共同认知。这是因为创新由产生到推广扩散包括诸多阶段,需要纵向的组织间合作,但同时每一合作方都是具有独立利益诉求的组织,各组织间利益关系的复杂性导致形成共同的认知非常困难。

在纵向的农业推广合作中,合作伙伴共同的利益基础、价值观念、目标愿景等认知邻近贯穿于创新由产生到推广扩散的全过程。以高度的纵向合作为例,在推广纵向合作前期,也就是合作创新研发阶段,认知邻近性主要表现为对技术、市场需求、利益前景、风险等方面的共同认知;在推广纵向合作中期,也就是创新试验开发、工厂化实施及生产阶段,认知邻近性主要表现为对于创新研发成果、产出绩效的共同认知以及对合作伙伴的尊重认知等;在推广纵向合作后期,也就是创新扩散及采用阶段,认知邻近性主要表现为对于共同利益的实现方式、回报及分配方式的共同认知。

此外,在推广组织纵向合作过程中很多组织考虑到创新成果进入市场化推广阶段后会面临激烈的竞争,故在合作过程中会有很多顾及和保留,特别是在较为高度的合作中，合作各方不愿泄露自己核心的技术知识信息。但这种纵向合作的关系，本身就是一把“双刃剑”，倘若各合作方围绕创新由产生到扩散的整个流程环节形成共同的紧密认知，则会形成共赢的局面；倘若各合作方畏首畏尾，无法形成一致的认知，则会损失巨大。因此，在农业推广的纵向合作中，各组织间需要形成有关合作的诸多共同认知，彼此间的认知越是相近，越有利于合作关系的稳固，就越能提升推广合作绩效。

3.1.2 合作农业推广中组织邻近性维度的界定

从前文对于国内外有关多维邻近性内涵的梳理中，我们可以看出不同邻近性维度之间存在着很明显的重叠，如文化邻近性和制度邻近性，文化邻近性和组织邻近性，制度邻近性和组织邻近性等。面对维度重叠这一问题，Knoben & Oerlemans(2006)曾通过一般性层面和组织间二元层面分析了地理邻近性、组织邻近性、文化邻近性、技术邻近性、认知邻近性、制度邻近性和社会邻近性这 7 个维度邻近性与组织间合作的相关性，并将与组织间合作相关的邻近性维度重新划分为 3 个：地理邻近性、组织邻近性（囊括了组织结构邻近、文化邻近、认知邻近和制度邻近）和技术邻近性。李琳和韩宝龙(2009)在 Knoben & Oerlemans 梳理的 7 个邻近性维度的基础上，认为组织合作中邻近性可以划分为以下 3 个维度：地理邻近性、组织邻近性（包括组织结构邻近性、文化邻近性和制度邻近性）和认知邻近性（包括认知邻近性和技术邻近性）。虽然实现毫无重叠的维度划分是不可能的，但是我们可以在减少维度的基础上尽可能地削减维度重叠带来的负面影响，以推动进一步的实证研究。

基于我国多元合作农业推广的实践，以及前文对于多元农业推广组织间邻近性与横向、纵向合作的关系分析，本书将组织间的邻近性精炼地划分为地理邻近性和组织邻近性。其中地理邻近性的定义同大部分学者的观点是接近的，即农业推广合作中各主体在空间上的接近程度。在组织合作框架下，本书认为组织邻近性(organizational proximity，简称 OP)是不同组织在合作中所存在的共同的属性逻辑和认知逻辑的多少。所谓属性逻辑是指不同组织内存在的固有的组织资源、组织结构、行为规则、惯例以及运行机制等；而认知逻辑是不同组织内以个体认知为基础的，在长期的实践中基于组织自身的资源状况、制度规则、知识技术结构、文化价值和经验背景等所形成的组织层面的心理认知系统(高启杰等，2015a)。组织邻近程度越强，一方面意味着组织间共同的属性逻辑越多，相关的技术知识可以更加通畅地实现跨组织边界的转移，降低合作交易成本；另一方面则代表着组织间共同的认知逻辑越多，基于组织知识基础而形成的心理认知系统也就越相似，彼此间也就越能够产生更多的认知相似行为(高启杰和董杲，2016)。因此，具体说来，组织邻近性反映了潜在的组织网络联系程度以及组织特征的相似性程度。本书进一步将组织邻近性这一概念细分为组织资源邻近、组织结构邻近、组织关系邻近和组织认知邻近，前两者属于属性逻辑维度，后两者则属于认知逻辑维度。具体的维度刻画见表 3-2。

表 3-2　组织邻近性的维度刻画

维　度			维度刻画
组织邻近性	属性逻辑	组织资源邻近	组织间核心资源拥有量(包括金融资源、物质资源、人力资源、渠道资源)的相近程度
		组织结构邻近	组织间组织结构(包括管理幅度等)的相近程度
	认知逻辑	组织关系邻近	组织是否属于共同的“实践社群”，即基于组织层面，对是否属于同一“圈子”的主观识别
		组织认知邻近	组织间在相互沟通时所表现出的行为方式、价值观念、前景规划上的相近程度

资料来源：高启杰，董杲．合作农业推广中组织邻近性对合作绩效的影响．华南农业大学学报(社会科学版)，2016，15(1)：10-19.

3.1.2.1 组织资源邻近

组织资源是组织可以直接运用的各种要素，通过资源的有效配置，可以为组织以及成员带来利益。组织资源的分类方式有很多，例如按照资源的表现形态，可以分为有形资源和无形资源，按照包括的内容来分，可以分为金融资源、物质资源、人力资源、信息资源、关系资源和形象资源等（李争鸣，2012）。资源依赖理论有两个重要假设，一是维持组织的运行需要多种不同的资源，而这些资源不可能都由自身组织提供；二是组织的正常运行是由多种活动构成的，而这些活动不可能都在组织内进行，因此企业或组织必须依赖环境以求资源，同时必须依赖其他企业的活动来维持正常运行（秦黎，2006）。组织所拥有的资源状况是组织十分重要的属性特征。

基于我国多元合作农业推广的实践，本书讨论的是跨组织类型的推广合作，因此单纯地比较组织间的技术相近程度是有失偏颇的。现今我国农业推广主要是农业技术推广，若想将科技成果推广至农村一线，需要消耗大量的财力、物力、人力。因此相关研究需要重点讨论的是各类组织为了更加高效地开展农业技术推广工作所拥有的一系列核心资源的相近程度，即组织资源邻近。这里的核心资源主要包括组织所拥有的金融资源、物质资源、人力资源（数量、质量、带头人）、渠道资源（所拥有的推广手段和关系网络资源），组织的推广技术水平主要反映在以上组织核心资源的拥有量上。

3.1.2.2 组织结构邻近

现今组织结构已被认为是影响组织创新和合作的重要因素。国内外学者围绕组织结构的维度构成、变革趋势以及组织结构与创新绩效关系等方面进行了颇为深入的研究。罗宾斯（2005）从组织结构构成的角度出发，认为经典的组织结构构成要素主要包括：集权与分权、正规化、部门化、专业分工、管理幅度、指挥链。石书玲（2002）指出组织结构的变革已成为当今企业提高自身应变能力的一种重要手段，未来组织结构变化的趋势是更为扁平化、柔性化、网络化和虚拟化。张光磊等(2011)以知识转移渠道为中介变量,基于对高新技术企业的实证研究探讨了组织结构对研发团队创新绩效的作用与影响机理。

简单来说,组织结构是指对工作任务如何进行分工、分组和协调合作,它反映的是组织在职、责、权方面的动态结构体系。其中管理幅度与管理层次是组织结构的基本范畴,也是影响组织结构的两个决定性因素。幅度构成组织的横向结构,层次构成组织的纵向结构,水平与垂直相结合构成组织的整体结构。一般来讲,在组织条件不变的情况下,管理幅度与管理层次成反比例关系,即管理幅度越宽,则管理层次越少,反之亦然。

任何组织结构的设计都是基于对集权与分权关系的慎重考虑。陈建勋等(2011)认为任何组织结构都存在着两种典型形式:机械式组织结构和有机式组织结构。机械式组织结构代表了高度的劳动分工和职能分工以及对组织工作进行严密的层级控制,在这种组织结构下组织会制定出许多程序规范和标准,进而具有根深蒂固和自成一体的观念和知识体系,组织人员也都形成了一致的认识与价值取向。在有机式组织结构下,成员之间以直接的、横向及斜向的沟通和协调取代纵向沟通和层级控制,基层人员有权根据自己的技能和掌握的信息决定应该采取的行动,因而这也是一种松散、灵活的具有高度适应性的形式。有机式组织结构代表了进取能力和技术能力,相对年轻、异质化的员工队伍以及勇于探索、容忍失败的氛围。因此,组织结构特征也在一定程度上反映了组织内部文化价值、行为惯例等属性特征,换句话说,在一定程度上组织结构是组织文化价值、制度惯例等内在属性的外部表征。

在农业推广的实践中,组织结构邻近考量的是各类组织间组织结构的相似性程度。本书主要采用了管理幅度的指标来衡量组织结构特征。一般来讲,若农业推广组织的管理幅度越宽,则管理层次越少,即组织的纵向层级越少,组织结构也就更加扁平化,这就意味着较为基层的农业技术推广人员可以拥有更多的权力，组织对于农户的需求变化、市场环境变化等因素也就越敏感。

3.1.2.3 组织关系邻近

关系邻近，在一些研究中又被称作社会邻近或者个人邻近等。Oerlemans & Meeus(2005)认为关系邻近意味着属于同一关系空间的行动者，这也就将其和结构等值与嵌入性等概念联系起来，经济活动和企业产出受到相互间的关系网络结构影响。Knoben & Oerlemans(2006)指出组织关系是否邻近取决于组织是否属于共同的“实践社群”或占据了网络结构中的等效位置。

在多元合作农业推广实践中，关系邻近是十分重要的组织邻近性维度。长久以来，中国社会十分重视“人情”“圈子”“关系网”，因此在选择合作对象时不仅考虑是否属于同一“实践社群”，而且还十分注重对于关系的识别。这种关系的识别是基于组织层面的心理认知系统的，是对是否同属于同一“圈子”的主观识别，具体来讲包括对组织的关系历史、关键个体成员在合作关系中的主导作用等的识别。

3.1.2.4 组织认知邻近

认知邻近性一般而言被认为是主体觉察、解释、理解和评估世界方式的相似性(Nooteboom,1999)。Hautala(2011)则进一步认为组织认知邻近是在组织个人认知邻近性的基础上，所形成的组织知识基础的相似性。学界对于知识基础的定义和衡量较为混乱，大部分实证研究是从知识基础在技术方面的相似性入手。然而这种知识基础的形成，既基于组织长期以来所独有的资源条件和核心技术知识，也受到了文化、规则、惯例等无形因素的影响。

在多元合作农业推广的实践中，组织间的认知邻近程度就显得尤为重要。无论是推广“公共技术”“准公共技术”，还是推广“私人技术”，都离不开对合作方推广行为方式、愿景规划、价值取向的主观甄别，并以此来作为组织行动的重要参考。若相互间认知差异明显，就不能很好地把握组织间纵向和横向的合作关系，在合作推广的实践中很容易陷入各自为战的局面。毛崇峰等(2012a)曾通过我国闪联的案例分析发现认知邻近性决定了组织合作创新方向和目标的一致性，只有在共同的目标、愿景和行为认知的条件下，各合作组织才有动力协同发展，因为这不仅涉及合作创新绩效，也会直接影响各合作组织自身的利益。因此在多元合作农业推广中，组织间认知邻近反映的是在相互沟通时所表现出的行为方式、价值观念、前景规划上的接近程度。进一步地，本书也主要从三个方面来衡量这种组织认知：基于共同目标的认知、基于行为方式的认知、基于价值的认知。

3.2 多元农业推广中组织间的合作治理机制

当不同类型农业推广组织间建立起良好的合作关系，形成较好的组织聚合时，有序的多元合作农业推广体系才能逐步形成，而良好的合作关系形成则依赖于组织彼此间所建立起的合作治理机制。基于第 2 章的文献梳理与分析，本书将农业推广组织间的合作治理机制划分为契约治理机制和关系治理机制。因此以组织间的合作治理机制为研究视角，本节首先对提出的两大合作治理机制——契约治理和关系治理的相关理论基础进行阐述，随后进一步地对多元农业推广中两者的内涵与维度进行界定。

3.2.1 理论基础

对组织间关系的治理研究涉及经济学、社会学、管理学等多个学科领域，通过对现有国内外文献的梳理，可以发现有三种主要的理论解释了契约治理和关系治理的有效性，即交易成本理论（transaction cost theory，简称TCT）、社会交换理论（social exchange theory，简称SET）和关系交换理论（relational exchange theory，简称RET），其中TCT主要源于经济学理论，重点强调了组织与外部存在交易关系时契约的作用；而SET和RET则分别强调了社会关系中信任和关系规范的重要性（Qi & Patrick，2010；Cao & Lumineau，2015）。

3.2.1.1 交易成本理论

交易成本理论作为新制度经济学的基础理论，是对古典经济学的重要补充。尽管“交易成本（transaction cost）”这一概念最早是由科斯在其《企业的性质》一书中最先提出，但是系统化的交易成本理论成果，主要是在Williamson（1975，1985，1996）一系列论述著作的基础上逐渐形成的。在其核心观点的基础上，交易成本理论开始将交易作为基本的分析单位，研究组织间尤其是经济组织间的比较制度理论。Williamson所构建的交易成本理论核心框架主要包括以下4个方面。

（1）交易成本的类型划分

交易成本理论的核心在于交易，故应首先对于成功交易所需耗费的成本类型进行阐述。Williamson（1985）认为交易成本既包括契约制定前的交易成本，也包括契约制定后的交易成本，具体来看，前者主要包括起草合同、针对具体的契约条款进行洽谈协商以及确保契约得到顺利履行所付出的成本；后者主要包括不适应的成本、讨价还价的成本、机制建立及运转成本以及保证成本4个方面。

（2）交易成本理论的前提假设

与古典经济学所假设的人具有完全的理性不同，交易成本理论从现实角度出发提出了两项基本假设（契约人假设），即有限理性（bounded rationality）假设和机会主义假设，认为机会主义和有限理性是个体的本质特征。

具体来看，有限理性是指人们主观上追求理性，但实际上只能有限地做到，这是因为人们自身能力的有限性以及信息获取的局限性等原因，人们的决策中总会不可避免地存在着诸多非理性成分，这也使得契约是不完全的。机会主义则是“自我利益的狡诈追寻行为，它包括说谎、偷窃和欺骗行为等赤裸裸的形式(威廉姆森著，段毅才/王伟译，2002)”。从这两个假设出发我们可以进一步发现交易中契约的特征：由于人们的有限理性，故制定的契约也是不完全的；机会主义行为的存在，契约必须起到相应的保护作用来消除机会主义的危害，这也就是说不存在绝对意义上的完全契约，进一步的事后治理措施也十分重要。

(3)交易属性的基本维度

Williamson(1985)指出影响上述交易成本的关键要素在于交易的属性，即资产专用性、不确定性和交易频率。具体来看，资产专用性主要包括场地资产专用性、物质资产专用性、非物质(包括人力、品牌等)资产专用性等，当一方投入的专用性资产较多时，另一方就存在“敲竹杠”行为的可能，这就使得机会主义的防范成本变高；不确定性既包括交易行为不确定性，也包括交易环境不确定性，当行为不确定程度提升时，确保交易当事方履行契约的难度也就增加，这就加大了契约执行和监督的成本，当环境不确定性提升时，对于契约条款的重新谈判、洽商和调整也会导致交易成本的上升；交易频率即彼此间交易的次数，一般而言频繁发生的交易比发生一次的交易花费的成本更低，但交易成本不会随着这种交易频率的提升而无限地降低。

(4)交易属性与治理结构相匹配

对于客观存在的交易成本来说，Williamson(1979)指出应根据交易属性选择相匹配的治理结构，如果交易中均是通用性资产(不存在专用性资产)时，不管交易频率大小，不确定性程度如何，均属于古典契约，即采用市场治理；当资产专用性程度、不确定性程度和交易频率均较高时，适合采用一体化治理，通过科层来实现；交易处于两者之间的属于新古典契约和另一种关系型契约，分别对应于第三方治理和双方治理，主要通过除市场和科层之外的混合制模式来完成，这种混合制模式包括互惠、特许权、规制等。

但值得注意的是，此时治理结构中所提到的关系型契约是在经济性的框架之下的，所表现出来的信任也是算计性信任（Williamson，1993），故这里强调的“关系”和 Macneil 在关系交换理论中所强调的“关系”并不相同，虽然交易成本理论也承认“关系”的概念，并且允许交易针对不完全的契约进行调整，但这种调整的参照点更多的是交易双方最初所达成的契约协议，而非整个关系。在关系交换理论中，契约的概念被拓展到所有已经发生交换、正在进行交换，以及预期未来进行交换的所有彼此间的交换关系，并且发展出了一系列适用于所有契约的适应性规范——关系（契约）规范（张闯等，2009）。

20 世纪 90 年代以后，交易成本理论的基本观点被引入组织际关系的研究中来，这样一种观点开始逐步确立：组织间所建立的有效契约治理可以作为一种重要机制，无论是在稳定的还是动态变化的环境下，通过详细规定每一组织应扮演的具体角色均可有效控制潜在的交易风险（Liu et al，2009；Cao & Lumineau，2015）。这一观点被广泛应用到组织间契约治理机制的相关研究之中，诸多学者通过对契约维度的不同划分，试图深入挖掘契约在治理组织间关系时所发挥的具体作用。与此同时，由于有限理性和机会主义，契约治理的有效性也受到一定程度的限制，这也为另一大治理机制——关系治理的出现提供了理论依据。

3.2.1.2 社会交换理论

社会交换理论是 20 世纪 50 年代西方逐渐兴起的社会学领域重要理论。基于古典政治学、人类学以及行为心理学中的交换思想、研究范式和逻辑思辨，这一理论主要是在批判与反思以帕森斯为代表的结构功能主义的过程中逐渐发展起来的，和大多数社会学研究一样，其核心目的在于为微观层面上的人际行为、人际互动与宏观层面上的社会结构的有机联结做出合理的解释。现代社会交换理论主要的代表人物是 Homans 和 Blau，尤其是后者的结构交换理论被视作社会交换理论的核心。

Homans 最早提出了社会交换的观点，他指出一切人类行为都是一种交换的过程，在这个过程中人们参与并交换有价值的资源，因此社会交换也就是无限的行动。在这种状态下，人们会重复进行着有回报的行动，并会对这些回报带来的相关刺激做出回应，并根据他们赋予事物的价值开展进一步的行动。其观点倾向于将社会看作是个体行动的结果，社会结构也是由个体行动来维持的，因此也被称为行为主义交换理论。在 Homans 研究的基础上，Blau 则进一步增进了社会交换微观与宏观层面的联结，基于结构化的视角指出微观层面的社会结构是由互动的个体组成，源于个体为期待回报所发生的交换；但宏观层面的复杂结构则由相互联系的群体构成，个体不再是交换分析的基本单位。

具体来看，Blau 在《社会生活中的交换与权力》一书中指出，社会交换只是人类行为的一部分，是极其有限的活动，这是交换双方的一种自愿性行动，双方交换的动力在于“他们期望从别人那里得到并且也确实从别人那里得到了回报”（布劳著，张非/张黎勤译，1987），他的这些观点也被学界称为结构社会交换理论。Blau 的社会交换理论有以下 5 个方面的突出点：其一，社会交换最根本的准则在于互惠主义（reciprocity），即在社会交换中受到恩惠一方需要承担回报对方的义务，一旦一方违反了这一原则，社会交换会自动终止，且违反的一方会受到社会关系的多重惩罚。其二，将交换关系划分为经济交换关系和社会交换关系。经济交换关系是针对那些有形商品或服务，事先根据契约条款确定有待交换的准确数量。Blau（1964）认为两者间最根本的区别在于社会交换强调的是未详细规定的责任与义务，获得恩惠的同时也意味着需承担未来回报的责任，且这种回报是不可以讨价还价的，需交由对方决定。此外，社会交换的资源既包括外显报酬，如金钱等，也包括内隐报酬，包括爱意等，而经济交换只包括前者。Foa & Foa(1980)在此后也将社会交换的内容汇总为爱意、地位、信息、金钱、商品和服务 6 个方面。其三，强调了社会交换中信任的作用。社会交换涉及的是未做具体规定的责任和义务，而这种义务的履行关键取决于信任。这种信任主要基于社会交换过程的周期性和逐步扩大的特性在社会关系中逐渐产生。信任对于稳定的社会关系非常重要，又因为交换义务可以促进信任，此时"通过对别人保持感激以及通过相信他们会在相当长的时期中履行他们的义务便会加强社会纽带"(布劳著，张非/张黎勤译，1987)。换句话说，真正持久的社会交换是建立在信任基础上的一种长久性义务关系(郑莉，2004)。其四，明确区分了关系和交换两个概念。交换伙伴间的关系和社会交换过程之间是有因果联系的，但作用方向无法确定，有时交换伙伴间的关系特质会影响到交换过程，有时成功的社会交换又增进了彼此间的承诺，也就是说交换有时又影响了彼此间的关系(Blau，1964)。其五，指出社会交换符合经济学中的"边际效用递减"规律。这意味着从交换中获得的利润随着交换次数的增加而减少。

此后，社会交换理论被广泛引入组织研究领域，一方面用以分析组织内部员工的工作态度与工作行为等，另一方面 Blau 的群体结构观也被用于分析组织间关系问题等。从组织间关系角度出发，由于社会交换理论强调了信任对于稳定社会关系的重要性，这一点对于组织间交换关系来讲也是十分重要。Aulakh et al(1996)基于社会交换理论指出了信任在组织间关系中的重要作用与功能——控制双方的机会主义行为并从互惠行为中获取竞争优势，这使得信任可以代替科层式治理方式来治理组织间关系。在此之后，源于社会互动和社会嵌入性关系的信任要素、互惠主义要素等就被视为治理组织间关系的重要工具和手段，被诸多学者当作关系治理机制的核心内涵和要义(Liu et al，2009；Arranz & Arroyabe，2012；王兰，2012；Cao & Lumineau，2015)。

3.2.1.3 关系交换理论

关系交换理论作为管理学领域的重要理论，是理解关系治理的另一理论透镜。从总体上讲，关系交换理论强调了关系规范是一种独特的在组织间交换关系中通过规定（承诺）和禁止（机会主义）一些特定行为而发挥治理作用的一种机制（Macneil，1980；Morgan & Hunt，1994；Joshi & Stump，1999）。这里的关系规范是指在组织间合作关系中对于每个组织行为的共享预期值，具体的关系规范如柔性、团结一致和信息交换等提醒了各合作伙伴，组织间关系是整体的，他们被期望于以共享的关系规范来作为自身行为的标准（Heide & John，1992）。关系交换理论认为组织间共同遵循的关系规范可作为一种内生化的或者说是道德控制很好地替代契约的治理作用，减少跨组织关系中潜在的机会主义行为并降低交易成本和交易风险。

具体来看，关系交换理论的提出最早源于 Macneil（1980）所提出的关系契约理论，他将关系交换从随机交易（discrete transactions）中抽离出来，指出组织间的交易关系是从随机交易、关系交换再到整合型交易的渐进式图谱，其中随机交易和整合型交易是两种极端情况，绝大部分的组织间交易大多属于关系交换。随机交易强调了那些组织间无任何关系背景的一次性交易（one-shot transactions），这种交易关系与新古典主义经济学的基础假设基本是一致的：交易关系的双方是追求利益最大化的经济人，交易价格建立在竞争性市场之上，交易中并不伴随着任何其他内容。然而现实中却并不存在单纯的随机交易，任何交易关系中都存在着或多或少的关系要素，换句话说随机交易只是关系交换的一种起始状态（Dwyer et al，1987；Kaufmann & Stern，1988）。而另一种极端，即整合型一体化交易则代表了关系交换的极尽状态——市场交易被组织内部的一体化垂直整合而替代，这已超出了组织间关系的讨论范围。Macneil（1978，1980）进一步指出，关系交换中组织间所形成的关系契约规范是一种比传统契约更为有力的、适应性更强的约束性规范。在此基础上,Dwyer et al(1987)在批评了市场营销理论后指出了关系交换不同于简单随机交易的特征,其一是关系交换的重要特征在于交换关系的形成基于一定的双方互动关系,任何组织间交易必须考虑双方过去的历史以及对未来的预期,换句话说组织间合作的基础在于双方一些隐性的和显性的预期假定、计划以及信任;其二是关系交换中以复杂的、非经济性的社会交换为主,其最为重要的外显特征在于组织间的关系规范,关系规范因交换双方的关系而存在,这些规范是通过交换双方理解并认可彼此期望的社会化过程发展并建立起来的,并可以随着关系交换的深入得到不断的强化;其三则在于市场环境下组织间关系是一种不断向前推进的不间断关系,也就是说组织间的交换关系是一个不断改进的过程,组织之间的交往与适应可以逐步在组织彼此间形成共有的默契,不断改进对彼此行为的心理预期,与此同时为保护从关系交换中已获取的积极成果,也会采取一定的机制来强化关系规范以保护现有的交换关系。良好关系规范基础上带来的关系交换可以像"婚姻关系"带来的效果那般,影响关系交换各方的行为,使得交易在没有外部第三方(包括制度与仲裁者)存在的情况下也可以顺利进行。

虽然诸多学者们将关系规范作为一种内生化的控制机制或者道德控制机制与契约控制区分开来,但是早期 Macneil、Dwyer 等学者一方面并没有阐述关系交换具体包括哪些类型,另一方面他们对于关系规范的描述都较为宽泛,如共享目标、共同计划等,针对关系规范的具体维度内涵并没有进行深入界定,因此从这一层面来看,和前两种理论相比,关系交换理论更像是一种描述性的理论而不是一种预见性的理论(Heide,1994)。针对前一问题,一些研究也进行了相关的探讨,如 Webster(1992)曾将关系交换的类型划分为战略联盟、网络组织、买卖双方关系等,但随着市场化的发展,多元组织以及多元化关系类型的出现,大多数学者认为关系交换普遍存在于组织间的交换关系之中,不必过分纠缠于其类型的划分。之后的研究在拓展这一理论时也将相应的重心放在对于关系规范的维度界定及其发挥的作用上来，如 Kaufmann & Stern(1988)指出组织间关系交换最大的特征在于关系规范的存在，而关系规范主要包括团结一致、整体化角色和互惠主义，这在消除组织间的不公平感知，治理组织间的冲突行为时发挥着重要作用，此后他们又在此基础上加入了关系焦点、柔性、约束和冲突解决 4 层维度(Kaufmann & Dant，1992)；Heide & John(1992)对于关系规范的维度界定——柔性、信息交换和团结一致，为学界大部分研究所认可，被广泛应用于关系交换理论相关的实证研究中。

关系交换理论作为关系治理机制重要的理论参照点原因在于，组织间的关系规范是在一系列持续的交易与互动过程中所发展起来的，很多时候即使交易关系中存在一些原始的书面契约条款，但交易双方可能并不遵循此正式的协议，关系规范在很大程度上决定了双方的交换行为，因而其代表了一种能够对交换关系实施控制的重要的社会和组织机制(Ferguson et al，2005；张闯等，2009)。此外，关系交换理论同时也为关系治理对于合作绩效的促进作用提供了一定的理论依据。

综上所述，在研究组织间契约治理和关系治理问题时，应当综合考虑运用以上三种主要的理论。值得注意的是，关系治理作为一个综合性的广泛概念，学界对于其内涵的探讨，有时单独偏重于社会交换理论中强调的信任或者偏重于关系交换理论中强调的关系规范，有时则将两种理论融合起来考虑，将其统称为“关系型契约(relational contracting)”(Carson et al，2006)。

3.2.2 多元推广组织间合作治理机制的内涵与维度界定

在当今社会中，不同类型的组织为获取更多的资源并保持足够的竞争优势,展开多元化的竞争合作已成为一种常态。在这种情形下,为实现最优化的绩效产出,如何治理组织间关系,尤其是组织间的合作关系已成为各类组织所要面对的重要课题。国内外的诸多学者们为此也做出了许多有益的尝试,他们指出为更好地治理组织间的合作关系,一般会同时使用契约治理和关系治理两种治理机制(Bradach,1997),并针对不同类型的组织间合作关系,如供应链企业间关系、战略联盟内部组织间关系、组织间外包服务关系、产学研组织间合作关系(包括新产品研发、试验、推广等)、围绕某些特定项目(包括建设工程项目、公共项目等)的组织间合作关系等,对其内涵维度、两者交互关系、影响因素以及影响效应等做了较为深入的研究。

学界一些相关研究,如高启杰(2009)、高启杰等(2015a、2015b),已对多元农业推广中五种类型推广组织的基本特征、合作动机以及合作基本模式(即合作关系的形成方面)进行了系统的研究与梳理。在实践中,我国农业推广工作大多是以项目方式开展的,所以合作基本上是以项目为纽带的,研究推广合作相关问题时也主要以合作项目为分析单元或对象。因此多元农业推广中组织间的合作关系与学界关注的其他类型合作关系有一些不同,它既体现出产、学、研合作关系所凸显的跨组织类型合作(兼有横向合作与纵向合作),又体现出基于特定项目合作关系所强调的是更紧密的而非松散与形式上的合作。基于此,在前人研究的基础上,围绕着多元合作农业推广这一核心,本书认为组织间合作治理即合作关系治理,是基于一系列的手段(包括激励、约束等),对多元农业推广项目中组织间的合作关系施加影响,通过改善彼此间的关系表现来提高最终推广绩效产出的一系列行为和活动。陈旭(2010)指出广义的合作关系治理既包括关系结构治理,即学界普遍采用的契约治理和关系治理,而且还包括关系的过程治理,即合作关系的建立、关系的持续和发展、关系的评价和终止,前者是一种纵向的考察角度,而后者则是横向的考察角度。因此,与之相对的狭义的合作关系治理即仅研究合作关系的过程治理或者合作关系的结构治理。本书主要研究的是学界普遍采用的狭义上的合作治理机制，即合作关系的结构治理机制，主要从契约治理机制和关系治理机制两方面来进行考察。

3.2.2.1 契约治理机制的内涵与维度界定

合作关系治理中契约治理机制是指在治理合作关系时，强调使用正式化的具有法律效力的书面契约，以来明确规定合作各方的权利以及必须履行的责任与义务等诸多内容(Lee & Cavusgil，2006；Abdi & Aulakh，2012；Cao & Lumineau，2015)。因此，契约治理机制所强调的是在治理组织间关系时，通过外显契约的保障和协调机制来控制交易风险，进而减少机会主义行为。在我国农业推广的实践中，相关工作大多是以项目形式展开的，所以合作基本上是以项目为纽带的。高启杰、董杲(2016)指出农业推广项目内嵌着诸多复杂性要素，包括技术复杂性、环境复杂性和组织间交互复杂性等，进一步地实证研究结果显示，当推广项目复杂性程度较高时，会显著削弱最终的推广合作绩效。与此同时，由于现今我国的农业推广组织运行体系仍是以政府为主导的，故合作推广项目中有很大一部分是基于政府财政拨付的公益性推广项目。在这种背景下，根据交易成本理论的有限理性假设，组织在有限理性的状态下，无法准确地预期未来的交易态势，当面临诸多交易风险要素时，若不存在任何治理机制，很容易滋生各种机会主义行为，为了遏制这一问题，更好地保护组织间的交互关系，应当鼓励在彼此间签订更为复杂的契约(新古典主义契约)。基于现实状况，合作农业推广中组织间契约治理机制主要强调了两层含义：一方面在合作推广项目实施伊始应尽可能地制定好周密完备的契约条款；另一方面则在于合作推广项目实施中，所制定的契约条款是否执行严格，可以发挥出应有的作用。本书根据动态视角下契约治理进程的两阶段划分——契约制定与契约实际运行，将契约治理机制划分为契约的完备性(事先的契约安排)和契约履行的严格性(事中、事后的契约执行)两个主要的维度。

(1)契约的完备性

由于现今我国的农业推广组织运行体系仍是以政府为主导的,故农业推广工作的开展仍以公益性的农业技术推广为主。在此背景下,合作推广项目尤其是基于政府财政拨付的合作推广项目为了可以顺利地运行实施、实现预期的推广效益并通过项目验收,彼此间基于契约治理所制定的契约条款便成了重要的参照标准和评判依据。因此,与其他一些松散的合作关系(如战略联盟内部组织间关系等)不同,合作农业推广中组织间对于彼此间制定的契约条款的完备性程度具有较高的要求。具体而言,契约的完备性主要强调了两方面的内涵,一方面是契约的详细性、明确性,即组织相互间所共同制定的契约条款具体化的程度,一般而言主要包括项目的总体目标以及阶段性目标(如推广辐射带动规模、推广可以带来的经济市场效益乃至生态效益等)、项目的最终考核指标、项目各方的资源投入要求及相关预算、相关知识共享边界规定(包括技术成果、产权、专利使用规定和相应的保密规定等)、项目实施的一般性内容流程以及相关的收益分配等;另一方面则强调了契约的柔性,即契约能否考虑到未来可能出现的突发状况并指出解决这些突发状况的相关措施,具体包括契约中止、契约变更、违约处理、合作冲突解决等相关条款。从总体上讲,合作推广项目中契约完备性程度越高,组织间的契约治理水平就越高。

(2)契约履行的严格性

契约的完备性维度主要反映的是事前的契约安排,现今学界的一些契约治理维度划分方式,如将契约治理划分为行为控制与产出控制(Tiwana & Keil,2009;Tiwana,2011)、契约控制与契约协调(Lumineau & Malhotra,2011;Malhotra & Lumineau,2011;Lumineau & Henderson,2012)等,均是按照具体契约条款所预期发挥的作用类型来划分的,虽然进一步细分了契约完备性的维度内涵,但是却忽视了评估契约所发挥的实际作用情况。同契约的完备性维度不同,本书所定义的契约履行的严格性维度主要反映的是事中和事后的契约执行，强调了在合作农业推广项目运行中契约实际履行的严格性程度。具体来讲，契约履行的严格性程度主要基于以下两个层面，一方面是外部的法律约束层面，主要体现在契约条款的相关法律约束力上，具体包括对于违约方的处罚机制以及对受损方的相关利益保护机制等；另一方面则是内部的心理约束层面，契约条款的存在本身就会促使组织内部形成一种心理框架，让组织知悉自己的行为底线，并通过减少一些投机行为来避免受到外部的制裁。仅仅关注契约的完备性程度是远远不够的，在足够契约约束力的保证下，只有确保契约的履行足够严格，才能愈加发挥契约治理的整体功效。故从总体上讲，当合作推广项目中契约履行的严格性程度越高，组织间的契约治理水平就越高。

3.2.2.2 关系治理机制的内涵与维度界定

基于不同的理论基础，不同领域的学者也从不同的角度对关系治理的内涵进行了分析与界定。虽然视角不同，但是学者们逐渐达成了这样的一种观点：关系治理是不同于契约治理的，并主要采用关系性手段来治理组织间关系的一种重要机制(Grandori，2006；陈灿，2012；Cao & Lumineau，2015)。进一步从其具体内涵来讲，关系治理被界定为用社会关系和共享的规范来治理组织间关系的程度(Poppo et al，2008；Zhou & Xu，2012)。Poppo & Zenger(2002)指出以关系治理为出发点，组织间的内部信任、承诺以及外部诸多关系行为规范(包括联合解决问题、信息共享等)均可以直面解决组织间潜在的交易风险。与契约治理依赖正式化结构和第三方强制约束执行不同，关系治理依赖的是非正式化的结构和各组织的“自我履约”(Dyer & Singh，1998)。Chen(2001)、Betieler & Hemmert(2015)指出，东亚地区的“关系观念”已深深地嵌入当地的文化之中，故为了实现更好的成效，在治理组织间合作关系时往往更偏重于采用关系治理机制。在我国的农业推广实践中，围绕着农业推广项目(尤其是基于政府财政拨付的合作推广项目),虽然不同类型推广组织间基于契约条款建立起了合作关系,但是出于不同的利益考虑,很多时候他们并不一定会全身心地投入合作过程中并推动组织间合作关系趋于稳定,此时在治理组织间关系时关系治理机制就显得非常重要。

虽然越来越多的学者们强调关系治理的重要性,但是目前学界对于关系治理的维度划分仍十分混乱。根据前文表2-2的文献梳理可以看出,内在规则(主要是信任)和关系规范是出现最多的两个维度层面。组织间信任一般指在高风险的状态下,组织对合作伙伴的诚信、仁慈等行为所具有的信心(Das & Teng,1998);而关系规范一般是指在组织间合作关系中对于每个组织行为的共享预期值(Heide & John,1992)。进一步从其理论基础来看,前一维度层面主要是基于社会交换理论所强调的信任对于稳定社会关系的重要意义,而后一维度层面则更多的是基于关系交换理论所强调的组织间关系是整体化的、各合作组织都是在共享的关系规范(如信息交换、联合协作等)下引发自身的诸多行为的。在相关的实证研究中,大多数学者也均选择偏重于其中一个层面展开研究。本书认为关系治理既应该包含内在规则(主要是信任)层面又应该包含关系规范层面,但两个层面之间应该是有机糅合在一起的,并不是一些学者在实证研究中所进行的简单维度累加。以此为出发点,结合我国农业推广的实践,本书进一步地将关系治理机制划分为信任与关系维护、共同解决问题和信息沟通与交流三个主要的维度,其中第一个维度的提出主要基于内在信任与外部关系规范的糅合,而后两个维度的提出主要基于外部的关系规范。

(1)信任与关系维护

信任与关系维护维度是关系治理机制的基础。信任和关系维护两者之间不是简单的并列关系,而是一种“内生-外显”的关系。基于组织际合作关系,信任反映的是组织内部的内源合作动力基础,正如Liu et al(2009)所指出的那样,信任内源于组织所嵌入的社会关系网络以及各类社会互动,能够成为治理组织间关系的重要手段，而关系维护则是组织在内源性信任基础上所体现出的外显积极行为。在多元合作农业推广的实践中，单一的信任维度并不能完全地反映出关系治理所发挥的实际效用。这是因为合作农业推广更多涉及组织际合作，由于组织间资源条件、文化以及利益诉求等诸多方面的差异必然会产生或多或少的冲突与矛盾，而内源性的事前信任在面对这些事中的冲突与矛盾时，能否转化为积极有效的利于组织间关系维护的外显行为，也应该是考察的关键所在。当两者有机组合时，可以体现组织间对于保持和维护良好合作关系的一种倾向性和重视性，故该维度理应是关系治理机制的基础所在。

在多元合作农业推广中，组织彼此间的信任应包含两个主要的方面：一方面是基于能力的信任，即各主体在合作前对合作方在领域内已有的推广成绩、技术贡献以及在合作项目申请、洽谈中的具体能力表现所初步形成的基于能力的理性信任，这一层面展现的更多是经济学视角下的信任；另一方面则是基于声誉的信任，即各主体在合作前对合作方在领域内的口碑、合作声誉等表现所初步形成的基于声誉的感性信任，这一层面展现的更多是社会学视角下的信任。而组织间的关系维护行为主要表现为面对多元化的冲突时，组织所表现出的合作互惠行为和合作包容行为。合作互惠行为是指组织在合作中所采取的有利于增进彼此实力的积极行为，特别是那些在履行角色承诺基础上主动帮助合作方的行为。合作包容行为主要是指组织基于对彼此合作关系的重视所采取的包容性行为，尤其是那些积极的冲突化解行为。总体上讲，这两个层面之间是相辅相成、相互影响的，组织间的合作信任度越高，越利于合作互惠性、包容性行为的出现，同时合作互惠、包容程度越高又会进一步提升合作的信任度。组织间信任度、互惠以及包容程度越高，也就代表了组织间关系治理水平越高。

(2)共同解决问题

共同解决问题维度是关系治理机制的直接表现。梁永宽(2008)指出联合解决问题是关系治理的重要维度，这体现了高水平合作所预期的关系规范。邓娇娇(2013)也指出在公共项目中，组织间为实现项目目标需要相互协作并展开联合行动，共同解决项目中出现的各种问题，这是关系治理机制非常重要的外部体现。以合作项目为导向，虽然各组织间存在着一定的利益冲突，然而这并不是项目中的主要矛盾，当合作项目目标较好地实现后，各合作组织的利益自然可以得到较大化的实现。因此本书认为共同解决问题的内涵不应该被狭义地定义为“组织彼此间潜在冲突的解决程度(Claro et al,2003)”，围绕合作农业推广项目，共同解决问题指的是为了解决推广项目实施进程中出现的诸多困难与问题，各合作方可以实现通力协作的程度。这一维度直接反映了合作项目中各合作主体的参与程度和参与意愿，也就是各合作方的团结一致程度。在农业推广的实践中，由于农业本身存在着很大的风险性，故合作项目受外部因素影响很大，因此在项目实施中会出现许多实时的问题亟待去解决，为了实现项目最终目标、提高项目绩效，共同解决问题就显得非常重要。各合作组织共同直面项目问题，可以避免组织各自为战的低效局面，发挥各组织的优势长处，实现组织间的合理整合与优势共享，增加组织间的关系柔性，进而提升组织间的关系质量。具体来讲，共同解决问题表现为合作各方可以共同探讨和解决推广中遇到的突发状况与难题，主动咨询和听取对方的意见和建议，根据外部环境的变化以及问题的反馈柔性调整合作的内容、方向与重心等。一般来讲，合作各方可以实现共同解决问题的程度越高，组织间关系治理水平就越高。

(3)信息沟通与交流

信息沟通与交流维度是关系治理机制的关键。根据前文表2-2对国内外有关关系治理维度研究的系统梳理，我们可以看出信息沟通与交流已经成为关系规范层面不可或缺的组成部分。在合作中，组织间信息沟通与交流的过程具有双向性，简单来讲，是信息发送方通过一定的沟通渠道，将信息传递给接收方，并让其理解信息发送意图的过程。因此在合作农业推广中，组织间的沟通与交流水平一方面体现在能否在各推广主体间建立起多元化的交流渠道与方式上，进一步讲，对于合作农业推广项目而言，虽然组织彼此间基于契约条款存在着一定的正式沟通渠道，如定期会议、阶段性成果报告会等，但关系治理机制中所强调的信息沟通与交流主要是指那些通过非正式沟通渠道（如合作“窗口”人员基于一些通信媒介的私下交流等）所进行的信息传递，这是因为正式沟通渠道的采用中存在一定的时滞性，且主要是针对一些关键性节点问题而设置，但是农业技术推广工作主要扎根于农村基层一线，在日常推广中总会遇到很多细小烦琐的状况，故彼此间能否进行即时的沟通就显得非常重要，基于非正式渠道的柔性沟通机制可以实现合作窗口人员之间较为灵活、开放的交流，进而利于及时解决这些琐碎问题。另一方面信息沟通与交流水平则体现在信息传递与交换的有效性上，基于多元的沟通与交流渠道能否实现信息及时、完整、精准地传递与交换，直接反映了组织间沟通与交流的质量与效果。针对农业推广合作项目，这种有效性主要体现在合作各方能否主动及时地告知彼此项目运行的准确信息。合作各方信息沟通与交流越多，组织间关系治理水平也就越高。

一般而言，组织间信息的不对称性程度越高，越容易出现各种机会主义行为。因此，组织间保持频繁、有效的信息沟通与交流，建立起多元化的沟通渠道，实现信息的准确、及时、完整传递，可以有效地控制一些机会主义行为，增进相互间的了解并消除组织间存在的潜在误会，更重要的是可以促使技术知识在组织间畅通流动，这均在很大程度上利于组织间关系的稳定，提升推广合作项目的绩效。

3.3 组织邻近性对合作治理机制的影响

根据前文 2.2.3 的分析可知，以交易成本理论、社会交换理论和关系交换理论为基础，国内外学者们认为契约治理与关系治理的影响因素主要涉及两个主要的层面——组织间交易属性层面和组织间关系属性层面。前一层面主要包含交易成本理论中强调的交易风险要素，主要包括不确定性、资产专用性等；而后一层面主要包含了一些如合作关系经历、文化契合度等关系属性要素。通过对已有国内外相关研究成果的梳理可以发现，从组织间外部交易属性层面出发来寻找契约治理和关系治理影响因素的研究占据了绝大多数，且达成了一定的共识，而基于组织关系属性层面的研究较少，尚处于起步探索阶段。Betieler & Hemmert(2015)便指出在东亚地区探讨组织间的合作治理机制问题，更应该着眼于从组织间关系属性层面去寻找影响要素，而不仅仅是从交易属性层面入手。基于此，本节试图以组织间关系属性层面为切入点来考察对两种治理机制的影响，分析在多元合作农业推广中组织间所具有共性的"类"或"群"的关系特征——组织邻近性对于契约治理机制和关系治理机制的直接影响，并提出相应的假设。此外，由于组织间交易属性层面的一些影响因素，如不确定性和资产专用性等对于关系治理机制的直接影响效用仍存在很大的争议，故在本节的研究中还将环境动态性和资产专用性作为调节变量引入组织邻近性与关系治理机制的关系路径之中，主要分析两者在其中所发挥的调节作用而非直接作用。

3.3.1 组织邻近性对合作治理机制的直接影响分析

综观国内外的相关文献，只有很少一部分学者基于组织间关系属性层面来寻找契约治理和关系治理的影响因素，且尚未发现以组织间邻近性为视角的相关研究。但是从组织邻近性的内涵出发，我们可以从其他学者的相关实证研究中得到一定的启发与借鉴。Poppo & Zenger(2002)、Zhou & Poppo(2005)等较早地提出了彼此间的长久联系概念(主要用组织间建立起交易关系的时长刻画)，并通过实证研究发现，若组织间曾存在着较为长久的联系，关系治理水平则较高，而其对契约治理水平的影响则不显著。Ferguson et al（2005）则提出了经济理论中容易忽视的合作关系的微观表现——合作“窗口”人员（跨边界人员）的联系紧密程度概念，并通过实证研究发现合作窗口人员的联系紧密度对契约治理和关系治理都有显著的正向影响。王兰（2012）则基于组织间关系属性层面提出了两大影响因素：组织间的（投资）吸引力和文化契合度，具体而言，吸引力代表了组织对彼此间潜在的资源需求和相互依赖关系的评估，实证结果显示组织彼此间的投资吸引力显著负向影响契约治理水平，但显著正向影响关系治理水平；文化契合度主要包含了情感契合、意图契合、规范契合和能力与认知力契合，实证结果显示组织彼此间的文化契合度显著负向影响契约治理水平，而显著正向影响关系治理水平。Betieler & Hemmert（2015）在前人研究的基础上整合出之前业务联系强度的概念，并赋予其三个核心考察维度：历史上的合作关系，合作关系质量，个体层面的某些重要关系，实证结果显示之前业务联系强度显著正向影响关系治理，虽然对契约治理也有正向影响，但并不显著。值得注意的是，Poppo & Zenger（2002）、Zhou & Poppo（2005）等用组织间建立起交易关系的时长所刻画的彼此间的长久联系概念与 Betieler & Hemmert（2015）整合出的之前业务联系强度概念有着很大的区别，前者仅仅反映了一种彼此间的关系经历，而无法准确反映关系经历基础上所产生的组织间联结强度，正如 Lumineau & Henderson（2012）所指出的那样，关系经历既包括竞争性的关系经历也包括协作性的关系经历，这两种不同类型的关系经历会对进一步的合作关系治理行为产生完全不同的影响，而后者通过对组织间历史上是否存在特定关系，合作关系质量，个体层面是否某些重要关系联结等方面的衡量，可以较为清晰地反映组织间的关系联结强度与倾向。

3.3.1.1　组织邻近性对契约治理机制的影响分析

从已有的国内外相关研究成果来看，组织间关系属性层面的各要素对契约治理机制的影响作用仍存在较大的争议。以西方为研究背景,学者们大多认为组织间曾有的关系经历、合作经验等要素会对关系治理有一定的促进作用,但是组织彼此间并不会因为这些关系特征或联结而降低契约治理水平,反而还会起到一定的正向促进作用。Ferguson et al(2005)实证研究发现,组织间跨边界活动人员间关系紧密程度越强,组织间契约治理水平反而越高。Ryall & Sampson(2009)便指出基于重复性交易或某些特定关系历史在组织间建立起的关系联结并不会影响到对组织相互间复杂性契约条款的强调,Lumineau & Henderson(2012)也持相似的观点,组织间过分熟悉,反而又会引发机会主义行为,这时契约的协调和控制作用必不可少。而以中国乃至东亚地区为研究背景,一些学者认为组织间曾有的关系经历、合作经验等要素会减少对彼此间契约的使用。这是因为在"关系"文化氛围下,之前的关系经历等要素更多地被视为一种资源优势和信任基础。而组织间过分强调契约条款会被视为不信任,非常不利于维持和发展长期的合作关系(Li et al,2010)。王兰(2012)基于实证研究发现,基于对彼此间潜在的资源需求和相互依赖关系评估所形成的组织间的投资吸引力显著负向影响契约治理水平;同时包含情感契合、意图契合、规范契合和能力与认知力契合等要素在内的文化契合程度越高,组织间契约治理水平越低。但值得注意的是,Betieler & Hemmert(2015)虽然以东亚地区的韩国为研究背景,提出在合作研发项目中之前业务联系强度(包括历史上的合作关系、合作关系质量、个体层面的某些重要关系三个维度)会显著削弱组织间契约治理水平的假设,但是通过回归模型检验发现,预期的负向影响并不存在,反而之前业务联系强度对契约治理水平是一种正向的影响,但统计并不显著。因此,组织间关系属性层面要素对于契约治理水平的影响更应该基于对实际调查情况的分析。

基于我国多元合作农业推广的实践,尤其是对枣庄地区合作农业推广状况的实地调查发现,在现实中存在着很多这样的项目:项目周期大多较短，以低度的合作模式为主（尤其是品种/技术推广试验示范等具体短期市场合作方式），项目主要来源于上级部门行政任务摊派，且多为一些公共技术推广。综合来看，在这些推广合作项目中合作双方组织邻近程度很低（尤其是“政府＋合作社”的合作项目），且相应地组织间的契约治理水平和关系治理水平均很低。而出现这种情况的原因主要在于，在低度合作模式为主的合作关系中，某一合作方会很容易处于知识/技术垄断地位，相应地知识/技术基本上处于一种单向流动的状态，长此以往，知识/技术输出方自然而然地居于较为强势的主导地位。在这种状态下，合作双方组织邻近程度较低，双方的信息不对称程度会进一步得到拉大，为了其自身的便利性以及利益诉求，处于强势地位的一方一方面会极力避免完备性契约的制定，以防自身的行为受到契约的限制和约束；另一方面也会在履行契约时不尽全力（因为很多推广合作项目缺乏外部的监管约束）。一般而言，组织间关系越邻近时，组织间的合作层次也就越高（高启杰等，2015a）。当组织间处于中、高度的合作模式下，知识/技术在组织间变成了双向流动的态势，当合作双方组织邻近性程度较高时，也就意味着组织间资源条件、知识基础等较为相似，一方面为了防止出现合作中的消极怠工行为，另一方面则为了避免技术知识过分溢出，保护组织内部的知识产权，契约治理的外部约束力会起到非常重要的角色。综上，在多元农业推广的实践中，合作双方的组织邻近性与契约治理程度间更应该是一种正相关关系。

综合实地调查情况与理论分析，提出以下假设：

H1a：组织邻近性对多元农业推广组织间契约的完备性有直接显著的正向影响。

H1b：组织邻近性对多元农业推广组织间契约履行的严格性有直接显著的正向影响。

3.3.1.2　组织邻近性对关系治理机制的影响分析

根据前文分析，从已有的相关研究来看，学者们普遍认为组织间历史上所存在的特定合作关系、个体层面上的某些特殊关系、认知契合度、情感契合度等要素有助于关系治理水平的提升，在一定程度上这些观点也在实证研究中得到了证明。基于我国多元合作农业推广的实践，具体来讲，组织邻近性对推广组织间的关系治理机制的影响机理可以从属性逻辑维度和认知逻辑维度两方面来进行分析。

从属性逻辑维度出发，组织邻近性主要包括组织资源邻近和组织结构邻近，前者具体指不同类型推广组织间金融资源、物质资源、人力资源以及渠道资源拥有量的相近程度，后者主要指不同类型推广组织间管理幅度的相近程度。首先，现今我国农业推广主要还是农业技术推广，若想将科技成果推广至农村一线，需要消耗大量的财力、物力、人力。若组织间共同的属性逻辑越多，也就意味着合作组织彼此间金融资源、物质资源、人力资源、渠道资源拥有量越相近，彼此间的互补性和相互吸引性也就越强，从推广合作中汲取自身需求的愿望也越强烈，这势必可以增强组织间的合作信任度，推动合作中角色分工的合理化，提升合作关系的稳定性，并促进更多互惠性、包容性行为的出现。其次，相近的资源条件、组织结构以及在此基础上形成的相近的组织文化、制度可以推动组织间合作的“内部化”和“一体化”，有效地降低推广合作的交易成本，提升合作关系强度，驱动组织共同参与解决合作中出现的各种问题。最后，相似的组织处理流程和规则惯例使得组织合作中需要交互传递、渗透的信息、知识、资源可以在组织内部实现直接对接处理，这在很大程度上利于组织间非正式沟通交流渠道的建立，可以极大地提升彼此间信息传递的效率，减少了很多沟通交流的成本费用，此外这还可以使组织间最大限度地相互学习推广组织管理方面的经验，形成更多的关系交互行为和创新。

从认知逻辑维度出发，组织邻近性主要包括组织关系邻近和组织认知邻近，前者具体指不同类型推广组织间是否存在着特殊的关系历史以及组织内个体成员（特别是中、高层管理者）与合作方是否有着紧密的联系，后者主要指不同类型推广组织间是否可以理解对方的行为、接受对方的处事方式，以及在合作目标前景、价值观念与利益前景方面的相似性和一致性。因此，组织邻近性的认知逻辑层面已然包含了之前学者们所关注的历史上的合作关系、个体层面的某些重要关系以及意图契合、认知力契合等要素。Uzzi(1997)、Van Wijk et al(2008)指出组织间特定的关系历史等既增加了组织间的情感依附，又可以在组织间形成特定共享的关系规范(如沟通共享、团结一致等)，这均有助于在组织间进行共享化的关系治理。从情感依附层面来看，在中国文化背景下，之前的关系经历等要素更多地被视为一种资源优势和信任基础，同时组织邻近性越强，组织间的认知系统就越相似，共同的认知逻辑就越多，就越可以在组织交互中理解对方的各种行为，长此以往，组织间互动的关系会增加彼此间的心理认同感，进而产生某种心理依附，这种依附可以把组织间关系强度带入一种更高的层面。在这种情境下，无论是组织间的信任程度还是合作互惠性、包容性程度都会有明显的提升。而从形成特定共享的关系规范层面来讲，基于特殊的关系历史、相似的目标和价值观念、共同的知识和技术背景等所形成的认知逻辑，第一大优势在于提升了组织相互间的了解程度，这可以使组织在合作中更加便利地进行信息沟通与交流，进而为拓宽彼此间的沟通交流渠道、实现项目运行信息的准确、完整、及时传递打下坚实的基础，同时，共处相同的“实践社群”也可以使各合作主体更加明确、高效地定位到应从合作中吸取并学习的技术知识，尤其是那些在农业技术推广实践中所蕴藏的隐性技术知识，这也为组织间进行深度的信息沟通与交流提供了潜在的内驱动力。另一大优势则在于提升了组织间的团结一致性，这是因为组织间共同的认知逻辑越多，越可以使参与推广合作的各主体产生更多的认知相似行为，尤其是在合作目标前景、价值观念与利益前景方面的相似性和一致性等，更加易于在组织间形成合力，提升组织参与合作的意愿，故在合作双赢预期的推动下，组织可以更加主动地参与探讨和解决推广中遇到的突发状况与难题，主动咨询和听取对方的意见和建议等，此外，对于一些公益性农业推广项目来讲，属性逻辑所代表的组织间关系邻近与认知邻近程度也从侧面折射出组织对于行业惯例或者说“行业潜规则”的熟悉和把握程度，当组织愈加理解对方的行为、接受对方的处事方式时，越可以为组织在合作项目中主动参与共同解决问题打下坚实的基础。

除了以上的理论推演外，通过对枣庄地区合作农业推广状况的实地调查与访谈也发现，当彼此间组织邻近程度越强时，组织间的信任程度越高，关系维护行为、共同解决问题的意愿与倾向越明显，信息沟通与交流水平也越高。综合理论分析与实地调查，提出以下假设：

H2a：组织邻近性对多元农业推广组织间信任与关系维护有直接显著的正向影响。

H2b：组织邻近性对多元农业推广组织间共同解决问题有直接显著的正向影响。

H2c：组织邻近性对多元农业推广组织间信息沟通与交流有直接显著的正向影响。

3.3.2 环境动态性的调节效应分析

3.3.2.1 多元农业推广中环境动态性的内涵界定

环境动态性在很早就被认为是环境不确定性中最重要的组成要素（Bourgeois，1980）。学界对于这一概念的内涵界定大多是基于 Dess & Beard（1984）的观点，即环境动态性是指组织外部环境变化的速率以及不可预知性。在企业组织研究中，环境动态性一般从三个主要的维度展开：顾客、竞争者和技术（Jaworski & Kohli，1993）。焦豪（2008）在此基础上进一步将环境动态性的维度细化为顾客偏好变化的频率、产品变化的速度、运营速度是制胜关键的程度等五类指标。而基于农业推广的实践，高启杰、董杲

(2016)则认为环境动态性是项目复杂性的重要构成部分，包括竞争动态性和需求动态性等内容。综上所述，本书认为在合作农业推广中环境动态性是指组织合作中所面对的外部环境变化的速率以及不可预知性，具体包括三个主要的维度，第一个维度是用户需求的动态性，主要反映了用户相关技术需求的可预测程度；第二个维度是竞争的动态性，主要反映了推广的竞争对手对于合作推广项目的影响程度；第三个维度是技术的动态性，主要反映了所推广技术内容更新换代的速度。

3.3.2.2 环境动态性在组织邻近性与关系治理机制之间的调节效应分析

学界诸多学者们大多认可了环境的不确定性对于契约治理具有负向影响的关系假设，很多学者在实证研究中也予以了证实。但对于环境不确定性对关系治理的直接影响作用则争议很大，一部分学者们认为在外部不确定性水平较高的背景下，由于缺乏一定的柔性，单一契约治理是不充分的，而关系治理中的信任、关系规范等可以弥补这一缺陷，如 Poppo & Zenger (2002)、Zhou & Poppo(2005)、Zhou et al(2008)等便通过实证研究证明了这一正向关系假设。另一部分学者的观点则与之相反，他们认为当不确定性水平较高时会在组织间产生某种心理防范，即彼此间的信任感以及关系约束无法建立在合作风险带来的低预期水平之上。Heide & John(1992)很早便指出在环境动态性水平较高的背景下，将会极大地削弱组织间的关系亲密度。Claro et al(2003)实证研究发现环境的不确定性并没有对关系治理产生显著影响。梁永宽(2008)则发现在建设合作项目中，不确定性对关系治理有显著的负向影响，表明在不确定的项目环境下实现信息共享、目标一致等关系规范的难度很大。王兰(2012)也实证研究发现在投资合作项目中，不确定性和关系治理之间是一种负相关关系。在综合分析相关研究成果的基础上，本书认为环境动态性与关系治理机制之间并不存在着必然的直接因果关系，这是因为前文所列举的两种矛盾冲突的根本在于情境的差异，换句话说环境动态性更多地不是一种内因，而更多扮演的是一种外部情境角色。

具体来讲，当外部环境动态性程度较高时，在很大程度上增加了合作中的不确定性和风险性要素，这既会提升制定完备契约的成本和难度，降低契约治理的有效性，也会让组织间更加依赖口头承诺、信誉、关系规范等来约束对方的机会主义行为，故环境的动态性越强，就越强调组织彼此间的互补性和相互吸引性的重要性，就越需要组织间建立共同的利益目标，强调双方共同的价值、信念，换句话说，即愈发强调组织邻近性的作用——组织间所拥有的共同属性逻辑和认知逻辑的多少。一方面当组织间共同拥有的属性逻辑越多时，相近的资源条件、组织结构以及在此基础上形成的相近的组织文化、制度可以推动组织间合作的“内部化”和“一体化”，在动态变化的环境下，这可以更加有效地降低推广合作的交易成本，提升合作关系强度，驱动组织更为积极地参与解决合作中出现的各种问题，同时，相似的组织处理流程和规则惯例使得组织合作中需要交互传递、渗透的信息、知识、资源可以在组织内部实现直接对接处理，这在很大程度上利于非正式沟通交流渠道的建立，在动态变化的环境背景下，这一优势无疑可以更大地提升彼此间信息传递的效率。另一方面当组织间共同拥有的认知逻辑越多时，在中国文化背景下，之前的关系经历等要素更多地被视为一种资源优势和信任基础，在环境动态变化的背景下，这种情感依附无疑会进一步提升组织间的信任度，并推动组织间表现出更多的关系维护行为，同时，基于特殊的关系历史、相似的目标和价值观念、共同的知识和技术背景等不仅可以提升组织相互间的了解程度，还可以提升组织间的团结一致性，这在动态变化的环境背景下，更加易于在组织间形成合力，提升组织间参与合作的意愿，在合作双赢预期的推动下，组织可以更加主动地参与探讨和解决推广中遇到的突发状况与难题，主动咨询和听取对方的意见和建议，主动且顺畅地进行信息沟通与交流。综上分析，可以看出在环境动态性较高的情境下，组织邻近性对关系治理机制所发挥的正向影响得到了一定的强化。故提出以下较为具体的假设：

H3a：环境动态性在组织邻近性和信任与关系维护之间起正向的调节作用。

H3b：环境动态性在组织邻近性与共同解决问题之间起正向的调节作用。

H3c：环境动态性在组织邻近性和信息沟通与共享之间起正向的调节作用。

3.3.3 资产专用性的调节效应分析

3.3.3.1 多元农业推广中资产专用性的内涵界定

资产专用性，一般来讲是为了特定服务于某种活动所投入的专用性资产，Williamson(1985)认为专用性资产相比于通用性资产最大的特点在于不可重新配置于其他替代性用途，一般来讲主要包括物质资产专用性、人力资产专用性以及知识、技术流程和知识资产专用性。基于多元合作农业推广的实践，本书认为资产专用性主要包括物质资产专用性和非物质资产专用性两大类，物质资产专用性主要是指合作推广中所需投入的专用性的物质资源(如配套技术设施、设备与工具等)；而非物质资产专用性主要考虑到了在合作推广中专用的知识技术资本、人力资本投入，前者主要指合作推广中结合特定农业生产情形投入的特有知识技术专利、成果、特殊配方等，而后者主要是指合作推广中所进行的人力资源开发、培训等投入。从具体的合作农业推广实际状况来看，非物质资产专用性投入相比于物质资产专用性投入要更多。

3.3.3.2 资产专用性在组织邻近性与关系治理机制之间的调节效应分析

根据交易成本理论、资源依赖理论等，组织间的合作需要各方进行不同程度的专用性资产投资，这种专用性资产所起到的质押作用，也可以在很大程度上增强各方的合作意愿，因此资产专用性也被诸多学者们视为是影响契约治理和关系治理的重要因素。从契约治理的角度来看，Williamson(1985)指出当交易双方所投入的专用性资产越多时，若契约存在不完备性就会引发各交易主体的机会主义行为，而且由于高资产专用性带来的“可占用准租金”机会，使诸多投机行为由潜在变成现实。基于此观点，学者们的实证研究结果大多相近，即资产专用性对契约治理有正向的显著影响，合作中资产专用性程度越高，彼此间的契约治理水平越高(Poppo & Zenger, 2002；梁永宽，2008；薛卫等，2010a；骆亚卓，2011；王兰，2012)。然而从关系治理的角度来看，学界有关资产专用性对关系治理的直接影响研究尚存较大争议。Zhou & Poppo(2005)、Zhou et al(2008)、骆亚卓(2011)、王兰(2012)等验证了资产专用性对于关系治理的显著正向影响。然而一些学者提出了许多不同甚至截然相反的看法与结论，如 Poppo & Zenger(2002)基于实证研究得出了资产专用性与关系治理之间是一种负相关关系，Claro et al(2003)则研究发现人力资产专用性与关系治理之间不存在任何相关关系，Sheng et al(2006)更是指出当组织间的权力不对称程度较高时，资产专用性就会削弱彼此间的关系治理水平，即两者间存在着负相关关系。在综合分析相关研究成果的基础上，本书避开了讨论资产专用性对关系治理机制可能存在的直接影响，主要考察在多元合作农业推广中作为组织间交易属性层面要素的资产专用性在组织邻近性和关系治理机制之间是否存在着显著的调节效应。

由于现今我国农业推广组织刚刚形成多元化的雏形，合作农业推广仍处于起步阶段，因此在合作中大多存在着一种不对称依赖关系，即一方对于另一方的依赖程度偏高，在这种状态下，某一合作方会很容易处于知识/技术垄断地位，相应地知识/技术在相互间基本上处于一种单向流动的状态，知识/技术输出方自然而然地在合作关系中居于较为强势的主导地位。当在合作中需要进行较大规模的专用性资产投入时，特别是那些非物质专用性资产投入时，占据主导性地位的一方会很自然地考量在合作推广中所投入的特有知识技术专利、成果等的潜在价值，是否有溢出风险、对方是否会存在机会主义行为；投入大量的时间、人力所进行的配套人力资源开发、培训是否可以得到应有的回报等问题。在这种情境下，虽然较高水平的资产专用性投入，在组织间会产生一定程度的"捆绑效应"，为避免外部潜在风险，仍对于组织间的"自我履约机制"（关系治理机制）有很大依赖，但是出于各自利益的考虑，组织间也会在很大程度上关注于制定更为完备性的契约。在此时基于组织间相似资源和组织特征等建立起的共同属性逻辑以及特殊的关系历史、相似的目标和价值观念、共同的知识和技术背景等建立起的共同认知逻辑对于关系治理机制的正向影响作用会受到一定程度的削弱。即在专用性资产投入较高的情境下，组织邻近性对关系治理机制所发挥的正向影响作用得到了一定程度的弱化。故提出以下较为具体的假设：

H4a：资产专用性在组织邻近性和信任与关系维护之间起负向的调节作用。

H4b：资产专用性在组织邻近性与共同解决问题之间起负向的调节作用。

H4c：资产专用性在组织邻近性和信息沟通与共享之间起负向的调节作用。

3.4 本章小结

通过前文第2章对于相关文献的系统梳理，基于我国多元合作农业推广的实践，本章首先对于组织邻近性的内涵与维度，组织间合作治理机制

(包括契约治理机制和关系治理机制)的内涵与维度进行界定;在此基础上,根据学界已有的研究成果,进一步地从理论角度严谨地分析、推演了合作农业推广中各主体间的组织邻近性对合作治理机制的潜在影响,这既包括组织邻近性对契约治理机制和关系治理机制的直接作用,也包括环境动态性和资产专用性在组织邻近性和关系治理机制间的调节作用,并提出了相应的变量间关系假设。本章中出现的所有假设汇总于表3-3。

表3-3 组织邻近性对合作治理机制影响的相关假设

假设	假设关系
H1a	组织邻近性对多元农业推广组织间契约的完备性有直接显著的正向影响
H1b	组织邻近性对多元农业推广组织间契约履行的严格性有直接显著的正向影响
H2a	组织邻近性对多元农业推广组织间信任与关系维护有直接显著的正向影响
H2b	组织邻近性对多元农业推广组织间共同解决问题有直接显著的正向影响
H2c	组织邻近性对多元农业推广组织间信息沟通与交流有直接显著的正向影响
H3a	环境动态性在组织邻近性和信任与关系维护之间起正向的调节作用
H3b	环境动态性在组织邻近性与共同解决问题之间起正向的调节作用
H3c	环境动态性在组织邻近性和信息沟通与共享之间起正向的调节作用
H4a	资产专用性在组织邻近性和信任与关系维护之间起负向的调节作用
H4b	资产专用性在组织邻近性与共同解决问题之间起负向的调节作用
H4c	资产专用性在组织邻近性和信息沟通与共享之间起负向的调节作用

第4章

多元农业推广中合作治理机制对合作绩效的影响

本章主要从两个部分展开研究,第一部分主要是针对多元农业推广中合作绩效的评价问题展开分析,包括农业推广合作绩效的基本界定,影响农业推广合作绩效的潜在要素分析以及实证研究中合作绩效测度指标的选择等;第二部分则主要从理论角度分析合作农业推广中契约治理机制和关系治理机制对推广合作绩效的影响,这既包括两种合作治理机制对推广合作绩效的直接影响,也包括知识转移在合作治理机制与推广合作绩效之间所起到的中介效应。

4.1 多元农业推广中的合作绩效评价

4.1.1 农业推广合作绩效的界定

绩效是在一定的制度安排下人们行为努力的结果,它不仅是以货币计量的收入,也包括个人或组织对现状满意程度的所有指标,如产出的增加、效率的改善、公平程度的提高、成本或交易费用的降低、激励水平的提高等,都可称之为绩效的改善(罗必良,2000)。组织间合作绩效就是多个组织合作所产生的业绩和效果。由于不同组织参与跨组织间合作的动机、合作方式、合作投入与产出等方面千差万别,很多合作结果又具有无形性,难以用市场价格来衡量,故很难对其合作绩效进行直接测量(Anderson & Narus,1990),学者们提出可以测量合作目标实现的满意度、组织竞争优势提升程度,或者合作成员对合作关系未来持续的预期作为表征指标(Lyles & Baird,1994;Goodman & Dion,2001;王承哲,2006)。关于合作绩效的测量,曹静等(2010)从合作创新环境、合作创新投入、合作创新产出、合作创新运行和合作创新效果 5 个方面评价产、学、研结合技术创新绩效;李新荣(2013)从投入与产出两方面设计产、学、研合作项目绩效评价指标。

国内文献缺乏对农业推广组织间合作绩效的直接研究,但与之密切相关的"农业技术推广绩效"等研究成果可以被我们借鉴,后者主要有两种研究视角(黄秀娟和王文烂,2011;张文明等,2014),一是从农业技术机构等推广组织或项目层面选取评价指标,如邵法焕(2005)从推广能力、推广水平、推广效率、推广效果、创新能力与推广的可持续性 5 个方面评价农业技术推广绩效,并针对公益型、市场型和混合型农业技术推广进行相关绩效评价;徐彬、段晓明(2011)从农业科技成果的投入、管理和效果层面对农业企业成果推广绩效进行了评价。二是从农户层面选取绩效评价指标,如张蕾等(2010)用增加产量、提高农户的认知能力和应用能力以及农户满意度衡量基层农业技术员推广行为的绩效;廖西元等(2012)从农户角度选择了增产效果、农户满意度、指导作用和种稻技术提升 4 个指标来评价推广绩效。

所谓农业推广合作绩效,具体来讲是指多元农业推广组织合作所产生的业绩和效果。由于农业推广合作伙伴成员间目的或合作形式不尽相同、成果价值不一定可量化、成员所投入资源不同等原因,以标准化产出的客观指标来衡量是不现实的,合作利益也是难以量化的。在参考了高启杰、姚云浩(2015)提出的农业推广合作绩效指标评价体系的基础上,本书主要利用主观指标从两个角度考察农业推广合作绩效——直接绩效和间接绩效。直接绩效指标包括合作的满意度等内容,间接绩效则包括组织相关农业推广人员综合素质能力的提升等内容。

4.1.2 影响农业推广合作绩效的因素

当前有关多元农业推广合作绩效及其影响因素的研究较少,但与之密切相关的“农业技术推广绩效”“农业科技成果推广绩效”的影响因素研究较多。而推广绩效水平往往是多元农业推广组织间开展合作的重要参考标准之一,故其影响因素的相关研究成果可以被我们所借鉴。苏时鹏等(2011)对福建省306个农业科技成果推广服务项目进行了实证分析,认为影响农业科技成果推广服务效率的因素,一方面包括农业产业类型、农业科技成果推广的难易程度、农民的素质;另一方面从农业科技推广的组织管理层面来看则包括是否立项推广、项目级别、立项类型、推广载体与推广模式等因素。徐彬、段晓明(2011)认为农业科技成果推广绩效的影响因素包括对科技成果推广的“投入”“管理”和“效果”三个主要方面,“投入”包括人力投入、物力投入、财力投入;“管理”包括信息管理、动力与激励机制、机构管理、组织与决策;而“效果”包括经济效益、技术水平、市场效果和社会效益。廖西元等(2012)基于对中国14省42个水稻科技入户示范县所辖的566位农业技术人员及其对应指导的4 729个农户进行调查的数据,进行逐步回归分析后发现:农业技术员个人特征、管理体制、运行机制中的收入分配、工作安排、考核激励、机构发展等机制对农业技术员推广行为和推广绩效均有显著影响。张淑云(2011)通过对河北省多元农业推广组织运行现状,河北省梨主产区标准化栽培技术推广现状,农户对梨产业技术需求与供给意愿的调查分析,明确了推广组织在河北省梨产业技术推广中的作用空间,并运用层次分析和模糊综合评判相结合的方法,基于农户视角对推广组织的服务绩效(技术供给能力、技术服务质量和技术服务效果)进行了评价。

然而对于某一种类型推广组织的绩效考察是更为静态的,当涉及组织际合作关系时,由于各类型农业推广组织间存在着很大程度上的差异,虽然带着不同的动机和诉求走向合作,但是彼此间存在的管理冲突、文化冲突等潜在风险要素很容易对最终的推广合作绩效产生阻碍。本书主要从外部环境层面、组织间层面以及具体的推广合作项目层面出发,将影响最终农业推广合作绩效的潜在风险要素归结为以下3点。

第一,外部环境因素。农业推广作为开放性很强的应用性实践活动,势必会受到诸多复杂的外部环境要素影响。这些环境要素主要包括政治与法律环境、市场环境、技术环境和社会与文化环境(高启杰和姚云浩,2013)。政治与法律环境主要包括政治制度、农业方针政策、法律法规等,如政府能否进行农业产业和科技政策的宏观指导,利用税收政策、财政政策来激励产、学合作创新,增强对政府财政拨付的产学合作项目、农业合作推广项目的监管等,都会显著影响不同农业技术推广主体合作的意愿以及合作的预期和行为,进而影响到合作绩效。市场环境主要包括国家的经济制度、经济结构和发展水平、农村市场结构和消费需求等,市场环境的变动尤其是农户技术需求的变动将影响产学合作的意愿、方向和内容等,这些都会直接影响到最终的合作绩效。技术环境主要包括科学与技术的发展趋势、技术市场开放程度、农业技术研发潜力和发展动向等,各类推广机构对农业技术的掌握与运用,直接关系到生产力转化的效果。社会与文化环境,包括人口数量与结构、教育水平、农村社会结构与变迁、社会文化意识与价值等方面,这些因素也会直接影响各类农业推广机构对合作的需求,合作的具体行为、方向和深度等。

第二,推广组织间的差异。从组织的层面来看,不同类型农业推广组织间的差异极容易产生潜在的冲突与矛盾。首先便是组织间的合作动机与合作目标的差异，以企业型推广组织和自助型推广组织为例，前者参与推广合作的目标在于实现盈利以及自身利润最大化，而后者的目标则在于获取专业技术知识支持，以更好地满足组织成员的生产与生活需求。其次便是组织知识结构的差异，教育型和科研型农业推广组织的知识结构和推广内容更偏重于知识性技术，而企业型和自助型的农业推广组织的知识结构和推广内容更加偏重于一些可操作性技术。最后则是管理制度与文化差异，以企业型组织和自助型组织为例，前者有着严格的事件处理规范与准则，执行力更强，而后者组织结构非常松散，控制力差且执行力低。这些组织间的差异很容易在合作中引发一些冲突与矛盾，进而影响最终的合作绩效。

第三，推广合作项目层面的要素。合作项目作为联结推广合作的重要载体，本身就存在着诸多风险要素，其中最直接的表现便是合作参与度的问题，也就是合作中各主体主观愿意参与合作的层次和范围。一方面在合作中组织彼此间信息不对称性程度越高，知识技术输出方所传递的内容和知识技术接收方所预期接收的内容之间匹配度就越差，这直接影响了彼此间的合作意愿和参与度，进而影响最终的合作绩效；另一方面，在不对称性依赖程度较高的推广合作关系中，处于知识技术主导地位的一方出于自身利益的考虑，很容易通过降低知识共享的开放度、减少合作中的投入时间等来降低合作投入，若无恰当的外部治理机制，这很容易影响最终的合作绩效。

综上可以看出，这些潜在风险要素的存在会严重地干扰农业推广合作。在此时，为了更好地控制这些风险要素，更为有效地管理多元农业推广组织间的合作进程，根据不同的情境选择恰当的合作治理机制组合来对组织间的关系进行管理，对于提升最终的合作绩效是非常关键的。

4.1.3 农业推广合作绩效的评价指标

国内外学者关于多元农业推广组织间合作绩效的直接评价指标体系的

建构还很少，更多还是从跨组织（如产、学、研）合作绩效、农业技术推广绩效等方面进行研究和实证分析。在构建农业技术推广绩效评价体系方面，邵法焕（2005）认为农业技术推广绩效评价包括推广能力、推广水平、推广效率、推广效果、创新能力与推广的可持续性5个方面。李晓春（2007）认为农业技术推广效果是指农业技术推广所取得的成就及其达到目的性程度的评价，这反映了农业技术推广工作的实际结果，以及技术推广工作对促进农业科技发展、经济增长、农民增收所起的作用，其具体包括经济效益评价、社会效益评价和生态效益评价三方面内容。黄秀娟、王文烂（2011）则认为需要从政府、基层农技机构层面和农户层面选取绩效评价指标，前者主要包括经济效益评价指标、社会效益评价指标和生态效益评价指标，后者则应主要从经济效益、推广人员推广行为和农户的满意度方面来进行选取。

还有一些学者构建了基层农业技术推广绩效评价的指标体系。娄迎春、李琦（2009）以平衡计分卡为基础，从推广对象、推广效益、内部管理、学习与创新4个层面，构建了我国基层农技推广绩效评价的三级指标体系。张蕾等（2010）认为目前对绩效的界定绝大部分是从产出角度考虑的，对于基层农技员推广行为的绩效的评价，需要结合《中华人民共和国农业技术推广法》的规定，选择增加产量、提高农户对农业技术的认知能力和应用能力以及农户对农业技术人员推广服务的满意程度等指标来衡量。李宪松、王俊芹（2011）则从基层农技推广机构和农业技术推广人员两个层面出发，以农业技术推广机构的内部管理制度、硬件设施、创新能力，农业技术推广人员的个人特征和学习能力5个方面为核心指标构建了基层农业技术推广行为综合评价指标体系。

构建相应的评价指标体系，衡量农业推广合作绩效必须坚持以下三项原则：其一是科学性原则，这体现在对多元农业推广组织间合作本质的正确理解以及评价方法的科学性上，所选取的指标要能够反映实际的内容，并可以保证评价结果的准确性；其二是代表性原则，多元农业推广组织间合作绩效涉及诸多范围和领域的产出指标，故在测度指标选择上要用尽可能少的指标，去更为全面地反映农业推广合作绩效；其三是独立性原则，虽然指标的选取应具有代表性并可以反映指标之间的有机联系，但同时也必须保证评价指标之间的相互独立性，避免指标间的交叉与重叠。

考虑了指标选取的以上原则，本书主要借鉴了高启杰、姚云浩(2015)所提出的合作农业推广绩效评价指标体系。他们提出应主要从4个方面分解合作绩效指标：①推广投入指标，包括合作推广总费用、合作人数和合作时间长度；②推广过程指标，一方面是对合作推广工作本身的过程评价，包括选取合作沟通有效性、内部利益分配机制等指标代表合作各方协调过程和推广工作运行过程；另一方面是对推广对象参与过程评价，以及推广对象知识、技能、态度和行为(KSAP)的改变，包括选取培训指导人数、参与推广活动的人数来代表推广对象参与过程，选取用户知识和技能改变情况、合作推广度来代表推广对象的KSAP的变化；③推广产出指标，包括合作目标实现程度、合作推广的经济、社会、生态效益；④满意度指标，包括用户对合作推广的满意度、推广组织本身对合作推广的满意度。

在这一详尽的指标体系基础上，本书主要采用了主观的软指标，从直接绩效和间接绩效两方面来衡量推广合作绩效。其中直接绩效主要包括三层内容，首先是推广合作预期目标的实现程度，这也是合作绩效衡量的最基本指标；其次是各组织对合作推广的整体满意程度，这主要用合作各方是否愿意保持长期稳定的合作关系来反映；最后则是用户对合作推广的满意程度，这一指标主要基于推广覆盖用户在技术使用后的反馈情况。而间接绩效主要指组织从推广合作中所获得的竞争优势，这种竞争优势主要反映在参与合作后，组织整体推广效率的提升以及相关成本费用的节约，还反映在组织相关农业推广人员综合素质能力的提升，具体包括学习能力(包括知识技术的识别、吸收、整合、应用)、创新能力的提升等。

4.2 合作治理机制对农业推广合作绩效的影响

根据第 2 章的文献梳理与综述，我们可以发现诸多学者已针对合作治理机制与最终绩效产出间的关系做了诸多有益的研究。这里的绩效产出囊括的范围较广，总结起来，既包括早期研究基于经济学视角所提到的交易绩效，也包括战略管理学所提到的联盟绩效、创新绩效以及合作绩效等，除此之外，还有部分学者探究了这两种治理机制对于知识转移、组织学习等的影响效应。基于我国多元合作农业推广的实践，本节重点分析了两种合作治理机制对推广合作绩效的直接影响，同时为了更好地弄清契约治理和关系治理对推广合作绩效的作用机制，本书还引入知识转移变量作为中介变量，并通过构建相应的中介模型来验证契约治理机制和关系治理机制是如何通过知识转移的中介传导机制来最终影响合作绩效的。

4.2.1 合作治理机制对农业推广合作绩效的直接影响分析

通过梳理国内外现有文献，组织间契约治理机制和关系治理机制的影响效应主要体现在其对最终绩效产出的作用上。这里的绩效产出是一个较为广义的概念，在具体的实证研究中学者们基于不同的情境也赋予其不同的内涵和维度，总结起来，既包括早期研究基于经济学视角所提到的交易绩效、战略管理学所提到的联盟绩效，也包括现今更加被关注的创新绩效以及合作绩效等。Cao & Lumineau(2015)通过梳理国内外文献，将通过实施契约治理机制和关系治理机制后可实现的组织际绩效产出划分为 4 个主要的范畴:机会主义行为的减少、整体的合作满意度、关系绩效以及市场绩效,并指出相对前三者最后一个范畴所出现的频率很少。学者们基于实证研究探讨合作治理机制与最终绩效产出间关系大多出于两个目的,其一是验证两种合作治理机制对于绩效产出的直接影响,其二则是以绩效产出为因变量,检验两种合作治理机制联合发挥作用时彼此间的交互作用如何,究竟是相互替代还是互为补充。基于此,本书认为两种合作治理机制间的交互作用情况是很复杂的,以绩效产出为因变量来得出两者间确切的交互关系是缺乏情境讨论的,因此本书重点探讨的是合作农业推广实践中两种合作治理机制对于绩效产出的直接影响,即考察的关键在于两种合作治理机制虽然均被同时采用,但两者究竟对最终的合作绩效产生何种影响作用,两者的影响作用大小如何,两种合作治理机制的交互关系在这一验证过程中也可以有直观展示。

4.2.1.1 契约治理机制对农业推广合作绩效的直接影响分析

从学界已有的实证研究成果来看,学者们大多认可了契约治理对于最终绩效产出的正向作用,但是对于这种正向作用的主要发展趋向产生了一定的分歧,大部分观点认为契约治理机制与绩效产出之间是单调的正向影响关系(Poppo & Zenger,2002;Ferguson et al,2005;Poppo et al,2008;Liu et al,2009;邓娇娇,2013),但有部分观点认为契约治理机制与绩效产出之间是一种非单调的倒"U"形关系,即契约治理水平过高后又会对绩效产出产生负面影响(薛卫等,2010a;Wang et al,2011;王兰,2012)。

前文已从外部环境层面、组织间层面以及具体的推广合作项目层面出发分析了影响农业推广合作绩效的潜在风险要素,在这种背景下契约治理机制的采用可以更为有效地管理多元农业推广组织间的合作进程,削弱这些潜在风险对于推广合作绩效所产生的负面作用。从契约的完备性维度来看,交易成本理论指出在跨组织边界的关系中,资产专用性投入、外部高度的不确定性以及绩效的难以测度，极大地提升了组织间的交易风险，并诱发了更多机会主义行为。为了遏制这一问题，更好地保护组织间的交互关系，应当鼓励在彼此间签订更为复杂的契约。在合作农业推广中，完备性较高的契约明确规定了项目的总体目标以及阶段性目标（如推广辐射带动规模、推广可以带来的经济市场效益乃至生态效益等）、项目的最终考核指标、项目各方的资源投入要求及相关预算、相关知识共享边界规定（包括技术成果、产权、专利使用规定和相应的保密规定等）、项目实施的一般性内容流程、收益分配原则以及契约中止、契约变更、违约处理、合作冲突解决等相关内容，这为组织彼此间构建了清晰的合作框架，在一定程度上对未来可能出现的外部环境变化指出了解决和柔性调整的范围，同时清晰的行为准则可以很大程度上消除因组织间信息不对称而引发的投机行为以及“逆向选择”问题（合作中信息优势一方组织不如实展示自己的实力），化解双方因组织间目标、文化等方面的差异所引发的冲突与矛盾，并提升合作各方的承诺水平和意愿，进而有利于最终推广合作绩效的提升。从契约履行的严格性维度来看，契约履行的严格性程度越高，一方面对合作各方的激励作用越强，组织按契约条款规定履行各自的权利、责任与义务，风险共担，在很大程度上可以保障合作推广项目顺利地实施和完成，自身的利益也可以最终实现；另一方面对违约行为的监督与惩罚力度越大，高昂的违约成本可以在很大程度上降低合作中的道德风险（组织在责任义务履行时不尽全力），这有利于组织间知识的转移与保持合作关系的稳定。

综上所述，契约完备性程度越高、履行越严格，对于依托合作农业推广项目这种具有临时性质的组织间合作来说，无疑在短期内具有很大的保障作用。虽然过于刚性的契约治理不可避免地存在着一定的局限，但是考虑到现今地方性的合作农业推广项目中普遍存在着契约治理水平不高的现状，很难出现因过度契约治理带来的负面效应，故提出以下假设：

H5：多元农业推广组织间的契约治理机制对推广合作绩效有直接显著

的正向影响。

H5a:多元农业推广组织间契约的完备性对推广合作绩效有直接显著的正向影响。

H5b:多元农业推广组织间契约履行的严格性对推广合作绩效有直接显著的正向影响。

4.2.1.2 关系治理机制对农业推广合作绩效的直接影响分析

无论是从单一的内在规则角度、关系规范角度,还是从两者结合的角度刻画关系治理的内涵维度,在各类合作关系中,学者们基本上认可了关系治理机制对于最终绩效产出的正向促进作用。关系治理机制更多地作为一种"自我履约"机制,强调组织间通过一定的内在规则(如信任、承诺等)和外部的关系规范预期(如共同解决问题、信息沟通与共享等)来建立起共享的价值观与行为标准,提升彼此间的合作紧密度,进而消除外部的诸多风险要素带来的负面影响。因此,在合作农业推广中,面对诸多影响农业推广合作绩效的潜在风险要素,关系治理机制的采用可以更为有效地管理多元农业推广组织间的合作进程,削弱这些潜在风险对于推广合作绩效所产生的负面作用。

从其信任与关系维护维度来看,Szulanski(1996)指出校企合作中当双方拥有高度的信任度后,将会采取一些利于相互关系的积极行为来提升关系质量,进而提高最终的合作绩效,而不信任和猜疑气氛的形成是合作项目失败的根本原因。Wang et al(2011)在中国背景下研究发现关系治理机制(信任维度)对于创新绩效有着重要的促进作用。在多元合作农业推广的实践中,组织对于合作方的信任度越高、基于此产生的外显合作互惠、合作包容性行为越多,首先可以在很大程度上弱化组织间差异(如管理制度、文化、合作目标等差异)所带来的潜在冲突与矛盾,促进彼此间的冲突向着良性方向解决,提升合作的稳定性以及项目运作效率;其次可以在很大程度上降低组织对于知识窃取等风险行为的敏感度，提升组织进行知识合作的信心，进而提高知识转移的可获取性程度和知识转移的速率；最后在项目实施中面对复杂的外部变化时，组织间的信任与关系维护可以极大地提升组织间的凝聚力，增加组织间处理问题的内部柔性，提高组织化解外部风险的能力，这均有利于最终的推广合作绩效。

从其共同解决问题维度来看，Claro et al(2003)实证研究发现关系治理机制中的共同解决问题维度可以极大地提升组织间的合作满意度。骆亚卓(2011)则发现组织间共同解决问题可以促进最终项目绩效的提升。在多元合作农业推广的实践中，组织间共同参与解决问题的程度越高，就越有利于最终推广合作绩效的提升，首先，各合作组织共同直面项目问题，可以避免组织各自为战的低效局面，发挥各组织的优势长处，实现组织间的合理整合与优势共享，问题的高效解决有利于最终项目目标的实现；其次，组织共同参与合作进程中的问题解决，可有利于化解组织间由于组织差异以及外部环境变化所带来的冲突与矛盾，消除彼此间的误会，提升组织间的关系质量；最后，组织间共同参与解决问题可以很大程度上增加了组织间知识(尤其是农业推广中那些需要“干中学”的隐性知识)的可获取性，提升了知识转移的速率，此外，在参与共同解决问题的过程中也可以使组织更加明确地定位所需要学习的知识技术，提升对所转移知识的满意度。

从其信息沟通与交流维度来看，保持开放性的信息沟通与交流已被视作合作成功的关键(Huber et al,2011)。从实证研究角度来看，薛卫等(2010a)发现当组织间的信息交流越多，企业与大学的技术合作绩效水平越高。李运河(2010)则研究发现在战略联盟中，组织间的开放式沟通可以极大地促进战略联盟绩效水平。在多元合作农业推广的实践中，一般来讲组织间信息沟通与交流越多，就越有利于最终推广合作绩效的提升，这具体表现在：一方面可以降低组织间信息传递的时滞性带来的负面影响，及时跟踪并控制推广项目实施中存在的各种风险，增加组织间交互的程度和质量，降低项目的复杂性程度，进而提升最终的合作绩效水平；另一方面组织间非正式信息沟通渠道的畅通，可以准确定位组织彼此间的知识技术需求，从而提升知识转移的速度和效率。综合以上分析，提出假以下假设：

H6：多元农业推广组织间的关系治理机制对推广合作绩效有直接显著的正向影响。

H6a：多元农业推广组织间信任与关系维护对推广合作绩效有直接显著的正向影响。

H6b：多元农业推广组织间共同解决问题对推广合作绩效有直接显著的正向影响。

H6c：多元农业推广组织间信息沟通与交流对推广合作绩效有直接显著的正向影响。

虽然上文已分析了契约治理机制对于推广合作绩效的正向积极作用，但是由于组织的有限理性、交易成本约束以及现实情况的制约，在实际的多元合作农业推广实践中，契约治理机制也不可避免地存在着诸多的局限，在一定意义上也限制了其正向作用的发挥。具体来讲，受有限理性的制约，组织间完备契约的设计需要消耗大量的时间、精力、成本，但尽管如此，由于在农业推广过程中有时受复杂的外部环境要素影响较大，无论多么完备的契约，在项目实施伊始也不可能完全地预期到未来所有可能发生的结果并做出周密安排。这种事前较为完备周密的契约设计所存在的刚性在某种程度上反而会成为项目实施中的负担和束缚，限制了合作进程中双方对契约的柔性调整行为。除此之外，在多元合作农业推广的实践中一些现实因素也会让契约的约束力出现折扣，如现今合作推广项目中（尤其是地方）有很大一部分是基于政府财政拨付的公益性推广项目，行政型农业推广组织参与其中，因此在与其他类型推广组织合作时，出于一些目的很容易对合作推广进行一定的行政干预等，在此时契约所发挥的外部约束力就受到一定程度的削弱。

综上分析，关系治理机制对于契约治理机制的过分刚性缺陷应具有很大程度的弥补作用。在我国的“关系”文化背景下，过分追逐契约被视为是一种不信任的体现，关系治理则代表了更大程度的柔性，意味着彼此间的信任关系以及拥有着共同的行为预期(如共同解决问题、信息沟通与交流等)，这一方面在复杂多变的环境风险要素下可以柔性调整组织行为，促进组织间隐性知识技术的转移，更好地解决实际中出现的问题；另一方面实施关系治理的成本也远低于契约治理。因此，在多元合作农业推广的实践中，相比于契约治理机制，关系治理机制对于推广合作绩效的正向促进作用更强。故提出以下假设：

H7：关系治理机制对于合作绩效的正向影响强于契约治理机制对于合作绩效的正向影响。

4.2.2 知识转移的中介效应分析

4.2.2.1 多元农业推广中知识转移的内涵

根据资源依赖理论、知识基础理论等，组织间的互动有助于从合作伙伴那里学习和获取互补性的知识和信息，并以此来促进组织自身核心能力的提升，正是这种组织间有关知识的互动转移才产生了组织间的各种合作关系(Sampson，2004；罗珉和王雎，2008)。从知识转移内涵的角度出发，组织间的知识转移简单来讲就是知识性资源在实体间相互交换的过程(Kotabe et al，2003；Zhang & Zhou，2013)。国内的学者们针对知识转移的内涵界定展开了较为深入的探讨，唐炎华、石金涛(2006)认为知识转移是指知识跨组织边界的有目的、有计划的知识共享，即知识以不同的方式在不同组织间的转移或传播。卢兵等(2007)则在吸取了国内外相关研究成果的基础上，认为知识转移是知识从一个主体转移到另一个主体的过程，是一个主体接受另一个主体已积累经验的影响过程，是由知识的传输和吸收两个过程组成的统一体。刁丽琳(2013)认为知识转移是指在特定的情境下,知识由知识源向知识接收方传递,并由知识接收方加以吸收、整合和应用的过程。

通过梳理这些观点可以发现,知识转移的内涵无外乎强调两个主要的方面,第一,强调了特定的参与主体和情境,即知识转移需要有特定的知识传递方和知识的接收方,且需要在一定的情境下出于特定的目的来实现彼此间知识的流动与共享。第二,强调了转移过程的动态性,即不仅仅强调知识传递这一单一过程,还包括进一步的知识整合转化、吸收、应用乃至创造的过程。在此基础上,基于多元合作农业推广的实践,本书认为知识转移的内涵在于政府推广组织、大学、科研院所、农业企业、农民合作组织等主体,基于自身的利益和技术知识的互补性,采取恰当的模式,不断进行知识供需双方的显性和隐性知识的传递、转化、吸收、应用以及创造的过程。

从知识转移的内涵出发,还需进一步探讨什么是“成功的知识转移”,也就是如何衡量知识转移的有效性。实现组织间成功的知识转移才是各主体的根本目标和追求。卢兵等(2007)指出成功的知识转移需要从三个主要方面来测度,首要的前提条件便是知识的可获取性,其次则是较为理想的知识转移速率,最后则是满意的知识转移水平(包括主体所获得知识的丰富度等)。李运河(2010)则认为知识转移的有效性可以分为快速性、理解性和经济性三个维度,其中快速性是指接收方获取知识技能的速度,理解性是指知识可以被接收方吸收和接受的程度,经济性是指接收方获得转移而来的新知识需要花费的成本和资源。本书在综合国内外诸多研究成果的基础上,将知识转移有效性的测度维度划分为三个方面:知识的可获取性、知识转移的快速性和对所转移知识的满意度,其中知识的可获取性主要包括显性知识的可获取性和隐性知识的可获取性两个方面,对所转移知识的满意度则主要从组织所获得知识技术的新颖性程度来测度。

4.2.2.2 合作治理机制对知识转移的影响分析

从国内外有关组织间知识转移问题的相关研究来看,主要集中于知识转移的过程研究以及知识转移的影响因素研究。从后者出发，对于知识转移影响因素展开深入研究的原因在于在组织际合作关系中，专有知识的共享困难以及知识溢出问题的增多开始逐渐让知识转移遇到诸多挑战（Sampson，2007）。梳理目前已有的研究成果可以看出，三种类型的要素对于知识转移的影响是十分重要的：组织（包括知识传递方和知识接收方）属性要素、知识属性要素（包括知识特征等）、以及知识传递方和知识接收方之间的关系情境（Molina et al，2007；Li et al，2011；刁丽琳，2013）。由于前两个要素是更为内嵌性的变量，故本书在此主要从第三个要素入手，探究组织相互间构建的合作治理机制是如何促进知识转移的。

国内外的学者们对于合作治理机制与知识转移的关系也展开过一定研究，如 Li et al(2010)发现契约治理和关系治理均有利于组织间的显性知识获取，而只有关系治理显著促进组织间的隐性知识获取。刁丽琳(2013)基于实证研究发现在产、学、研合作中，关系治理（信任）对于组织间的显性和隐性知识转移均有显著促进作用；契约治理中的契约协调维度和控制维度均有利于组织间的显性知识转移，而契约控制维度不利于组织间隐性知识转移。Zhang & Zhou(2013)则通过实证研究得出，无论是契约治理还是关系治理（信任）均可以正向促进组织间的知识转移。基于我国多元合作农业推广的实践，本书将从以下三个方面展开具体的讨论。

(1)契约治理机制对知识转移的影响

契约治理机制对知识转移的影响更多地体现在其对显性知识转移的促进作用上。从契约的完备性维度来看，当在组织间共同制定的契约中明确规定了项目的最终目标、项目各方的资源投入要求、相关知识共享边界规定（包括技术成果、产权、专利使用规定和相应的保密规定等）、项目实施的一般性内容流程等时，这种具有法律效应的契约规定对于各组织所应投入的各类知识有了较为明确的要求，这可以为相关知识技术（尤其是显性知识技术）的转移提供了良好的源泉，即保证了知识的可获取性，同时契约条款对于知识转移的边界有较为明晰的界定，可以减少通过信息不对称性而引发的知识窃取行为，提升组织知识转移的安全感。此外，项目执行过程中通过契约规定要求的正式沟通交流渠道（如阶段性成果汇报交流会等）汇报项目执行的进展、商讨是否需要柔性调整契约时，显性知识技术和部分隐性知识技术也可以伴随着这种正式渠道的沟通与交流进行较好的转移。从契约履行的严格性维度来看，其主要是通过契约所具有的外部法律约束力来间接促进组织间的知识转移的。具体来讲，契约履行的严格性程度越高，对于知识窃取等机会主义行为的惩罚力度越强，过高的违约成本会让组织严格按照契约规定条款去履行相应的责任和义务，这也在一定程度上提升了组织间知识转移的速率。

从整体上看，契约治理机制对于隐性知识的转移的促进作用不是那么明显，这是因为所制定的正式契约无法对合作各方的隐性知识投入程度进行详细、准确的规定与要求。但在合作农业推广中契约治理机制在对一些需要通过书面文字传递的显性技术知识（以物化成果推广时居多）转移中可以发挥较大的优势，这种作用也是无法替代的。故提出以下假设：

H8a：契约治理机制对多元农业推广中组织间的知识转移有直接显著的正向影响。

（2）关系治理机制对知识转移的影响

与契约治理机制更加强调通过具有法律性的外部约束机制来促进组织间知识转移不同，关系治理机制更加强调通过内在规则（如信任、承诺等）以及外显的关系规范来推动组织间的知识转移。从其信任与关系维护的角度来看，虽然现今农业推广大多以公益性的技术推广为主，但是由于涉及多种类型的农业推广组织，在很多情况下出于维护自身组织利益的需要，组织间的知识转移仍需要面对知识技术过分溢出的问题。在中国的文化背景下，当组织间信任程度较高，且基于信任基础上展示出更多的合作互惠行为和合作包容行为时，组织间可以自然地建立起一种交互的信心，在此基础上每一合作方都会根据集体共同的预期来约束自己的行为(Li et al,2010),若组织的某些行为违背了集体的预期规范,则会损失了其在圈内的名誉,也就无法从更长远的合作中获取优势。此外,组织间基于能力的所建立起的理性信任,也提升了组织吸收内化所接收到知识的速度。因此关系治理机制中的信任与关系维护维度可以这很大程度上减少了潜在知识过分溢出的可能,降低了合作各方对于风险的感知预期,从而推动组织间知识更为有效的转移。从关系治理的共同解决问题和信息沟通与交流维度来看,其对于知识转移的正向促进作用更为外显。现今我国的农业推广还主要是农业技术推广,基层农技推广更是偏重于一些操作性技术知识。而这些操作性技术知识大都是强调“干中学”的隐性技术知识,因此这类技术知识在传递中需要组织间实现较高的参与度并保持信息沟通渠道畅通。组织间共同参与解决问题的程度越高,信息沟通与交流越多,就越利于在实践中对这些隐性知识的传递、转化、吸收和应用,提升知识转移的有效性。综上分析,提出以下假设:

H8b:关系治理机制对多元农业推广中组织间的知识转移有直接显著的正向影响。

(3)契约治理机制与关系治理机制在知识转移中的影响对比

在对比契约治理机制和关系治理机制对知识转移的影响时,本书主要从契约治理机制相比于关系治理机制存在的劣势进行分析。从契约的完备性角度来看,由于农业推广过程中面临着诸多复杂的外部环境要素,受有限理性的制约,契约的完备性程度再高,在项目实施伊始也不可能完全地考虑到合作进程中各个方面的实际需求,故在合作中很难固定地按照事前制定的契约条款内容去做,因此这种预先以契约形式来确定的责任与义务反而成为进一步知识转移的负担和束缚,限制了知识转移中双方的柔性调整行为。这一负面影响在不对称依赖关系中尤为明显:其一,在这种关系中,占据主导性地位的一方通过所制定的契约提升对另一方的控制性,这也是以消耗另一方的灵活性为前提的，会在双方之间增添一种紧张的气氛，并在一定程度上抑制知识转移(Zhang & Zhou,2013)；其二，占据主导性(知识垄断性)地位的一方也就是知识传递方在合作推广中有时会不尽全力地仍依照之前契约条款规定传递相应的知识技术，而不是依据实际的合作推广状况需要，这对于知识转移的最终满意度有着很大程度的削弱。从契约履行的严格性角度来看，现今我国在契约的法律保护、监管和执行方面还存在着诸多漏洞，同时政府的一些相关政策的连贯性和稳定性也不强，并有时会采用许多行政性的手段干预推广合作，这些都在很大程度上降低了契约的外部约束力，在这种情况下，合作伙伴间对于知识合作的信心会降低，进而有很大可能性不执行或者散漫地执行契约中对于知识转移的一些硬性要求。反观关系治理机制在知识转移中所表现出的柔性则很强，其强调的共同解决问题、信息沟通与交流等不仅有利于组织间一些显性的书面化技术操作指南、手册等的共享与获取，而且在“干中学”的隐性知识转移方面的优势明显，在这种治理机制下，对于非正式沟通交流机制的强调可以使知识转移的速率得到较好的提升。此外，在参与共同解决问题中也可以使组织更加明确地定位学习的知识技术，提升对所转移知识的满意度。综上所述，可以认为在合作农业推广中，相比契约治理机制，关系治理机制对于知识转移的正向促进作用更大。故提出假设：

H9：关系治理机制对于知识转移的正向影响强于契约治理机制对于知识转移的正向影响。

4.2.2.3　知识转移对农业推广合作绩效的影响分析

很显然，通过有效的知识转移以及各种资源要素的重新组合，多元合作农业推广可以在优势互补的基础上实现更高的推广绩效。故提出假设：

H10：组织间的知识转移对多元农业推广组织间的合作绩效有直接显著的正向影响。

综合以上分析，知识转移变量在两种合作治理机制与推广合作绩效之间可能存在着中介效应，故进一步提出以下假设：

H11a：组织间的知识转移在契约治理机制与推广合作绩效之间存在中介效应。

H11b：组织间的知识转移在关系治理机制与推广合作绩效之间存在中介效应。

4.3 本章小结

本章内容的重点在于探究多元农业推广中合作治理机制对合作绩效的影响作用，首先针对多元农业推广中合作绩效的评价问题展开剖析，包括推广合作绩效的基本界定，影响农业推广合作绩效的潜在要素分析以及实证研究中合作绩效测度指标选择等；此后则基于前人的研究成果以及合作农业推广的实践，从理论角度分析、推演合作农业推广中契约治理机制和关系治理机制对推广合作绩效的影响，这既包括两种合作治理机制对推广合作绩效的直接影响，也包括知识转移在合作治理机制与推广合作绩效之间所起到的中介效应，并提出了相应的变量间关系假设。本章出现的所有假设汇总于表4-1。

表4-1 合作治理机制对合作绩效影响的相关假设

假设	假设关系
H5	多元农业推广组织间的契约治理机制对推广合作绩效有直接显著的正向影响
H5a	多元农业推广组织间契约的完备性对推广合作绩效有直接显著的正向影响
H5b	多元农业推广组织间契约履行的严格性对推广合作绩效有直接显著的正向影响
H6	多元农业推广组织间的关系治理机制对推广合作绩效有直接显著的正向影响
H6a	多元农业推广组织间信任与关系维护对推广合作绩效有直接显著的正向影响

续表 4-1

假设	假设关系
H6b	多元农业推广组织间共同解决问题对推广合作绩效有直接显著的正向影响
H6c	多元农业推广组织间信息沟通与交流对推广合作绩效有直接显著的正向影响
H7	关系治理机制对于合作绩效的正向影响强于契约治理机制对于合作绩效的正向影响
H8a	契约治理机制对多元农业推广中组织间的知识转移有直接显著的正向影响
H8b	关系治理机制对多元农业推广中组织间的知识转移有直接显著的正向影响
H9	关系治理机制对于知识转移的正向影响强于契约治理机制对于知识转移的正向影响
H10	组织间的知识转移对多元农业推广组织间的合作绩效有直接显著的正向影响
H11a	组织间的知识转移在契约治理机制与推广合作绩效之间存在中介效应
H11b	组织间的知识转移在关系治理机制与推广合作绩效之间存在中介效应

第 5 章

研究设计

在前文理论研究的基础上，本章首先第一部分主要展示了本书的实证研究流程，第二部分则主要介绍了实证研究中所需问卷的总体设计流程，最后则具体展示了最终正式发放的问卷中各变量的具体测度题项。

5.1 实证研究流程

基于前文所构建的理论模型框架以及相应的研究假设，本书的实证研究主要包括以下 4 个主要的流程环节：问卷设计、数据收集、数据分析以及假设检验和结果讨论，具体见图 5-1。

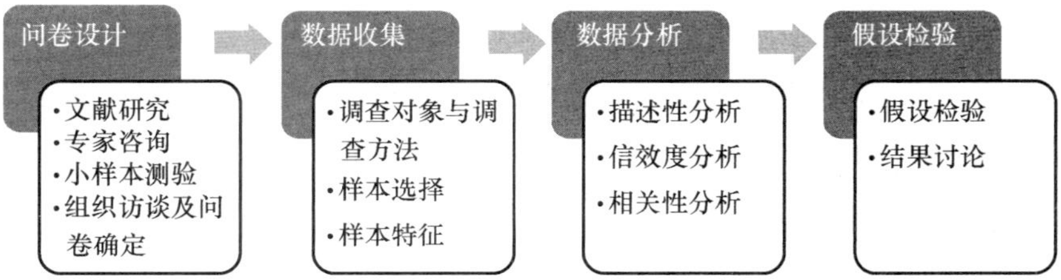

图 5-1 实证研究流程图

5.2 问卷设计

在问卷设计伊始，为了保证数据结果的一致性和有效性，本书在相应指标的选取和测度方面主要参考了国内外均使用过的成熟量表，并在不改变原意的前提下结合本书研究内容对题项的表述做出了适当的修改和调整。在问卷正式发放之前，还同推广领域部分专家学者进行了深入访谈，并结合他们的建议对量表进行了第一次修改。在量表第一次修改后，开始在枣庄市所辖滕州市范围内针对部分农业推广组织进行预调研，并根据预调研结果对问卷进行第二次修改，具体来讲，一方面包括对搜集的小样本数据结果的信度、效度进行检验，并针对之前的理论预想对各构念进行探索性因子分析，去除一些因子载荷量过低的语句；另一方面则针对调查人员实际调研中所反馈的问卷问题等，进一步斟酌题项设置与语句表达。在二次问卷修改的基础上，会进一步与所预调研的推广组织负责人再次进行深入访谈，根据其反馈的意见结果，酌情修改后最终确定正式发放的调查问卷（正式的调查问卷见文后附录）。

由于在实地调查中，需要同所调查组织相关负责人进行深度访谈，在基本了解其参与的合作推广项目情况后才进行问卷发放，故工作量相对于一般调研大了许多，相对而言样本总量也不是很大。故下文所呈现的变量测度题项，均是预调研后二次修改的最终题项，同时本书也不再呈现出预调研后的小样本测试过程及结果。

调研问卷主要包括两部分内容：第一部分主要包括被调查推广组织及其合作推广项目的基本背景信息，如合作对象情况、具体合作方式、合作推广的技术类型等；第二部分主要是围绕具体的合作项目进行主观量表测量，包括合作双方的组织邻近性测量、契约治理水平测量、关系治理水平测量、合作绩效测量以及资产专用性水平、环境动态性水平和知识转移有效性测量等，这部分题项均采用了李克特5点量表来度量，从1～5代表了符合程度由低到高。数字"1～5"代表了测度题项与现实状况的符合程度，数字值越小表明该测度题项与现实状况的符合程度越低，"1"表示完全不符合；"2"表示不太符合；"3"表示符合程度一般；"4"表示较为符合；"5"则表示完全符合。在实证研究中，各潜变量的得分值为其所有观测题项的算术平均值。

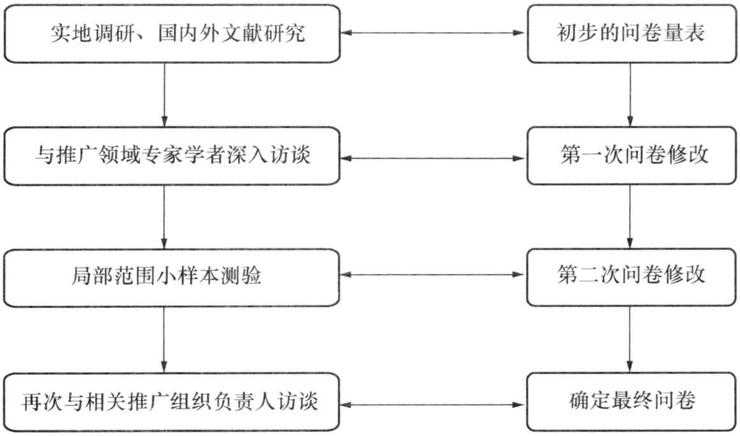

图 5-2 调查问卷设计流程

5.3 变量的测量

5.3.1 组织邻近性变量的测量

现今国内外学界对组织邻近性变量进行问卷调查的实证研究并不多见，所以针对组织邻近性的多重维度分别深入探究并形成测度量表的文献更是少之又少。根据前文 3.1.2 对合作农业推广中组织邻近性维度的分析与界定，立足于我国合作农业推广的实践状况，并在推广领域的相关专家指导修正的基础上，本书最终确定了组织邻近性变量的两维度测量量表，具体测度题项如表 5-1 所示。其中组织邻近性的属性逻辑维度主要包括组织资源邻近(ZY1～ZY4)和组织结构邻近(JG1)，组织邻近性的认知逻辑维度主要包括组织关系邻近(GX1～GX2)和组织认知邻近(RZ1～RZ3)。

表 5-1　组织邻近性两维度测量量表

	变　量	题　号	测度题项
组织邻近性的属性逻辑维度	组织资源邻近	ZY1	双方金融资源拥有量相近
		ZY2	双方物质资源拥有量相近
		ZY3	双方人力资源(数量、质量、带头人)拥有量相近
		ZY4	双方推广的渠道资源拥有量相近
	组织结构邻近	JG1	双方组织的管理幅度(一个主管有效指导下属的数量)较为相近
组织邻近性的认知逻辑维度	组织关系邻近	GX1	双方存在着特殊的关系历史或曾经保持过较为长久的合作关系
		GX2	组织内的关键成员与合作方有着较为紧密的关系
	组织认知邻近	RZ1	双方在合作目标、前景上总保持一致
		RZ2	双方可较好地理解对方的行为，接受其处事方式
		RZ3	双方有较为相似的价值观念和利益取向

5.3.2　契约治理变量的测量

本书主要根据动态视角下契约治理进程的两阶段划分——契约制定与契约实际运行，将契约治理机制划分为契约的完备性(事先的契约安排)和契约履行的严格性(事中、事后的契约执行)两个主要的维度。针对这两个具体维度，结合前文 3.2.2 对于契约完备性维度和契约履行严格性维度内涵的详细分析，在参考了 Luo(2005)、梁永宽(2008)、Zhang & Zhou(2013)等提出的契约治理测量量表题项表述的基础上，本书最终确定了契约治理的两维度测量量表。具体测度题项见表5-2,其中题项 WBX1～WBX5 反映的是对契约的完备性这一维度的测度,而题项 YGX1～YGX3 反映的是对契约履行严格性维度的测度。

表5-2 契约治理两维度测量量表

变量	题号	测度题项
契约的完备性	WBX1	契约主要依据合作推广项目的特点而订立
	WBX2	契约中有明确的合作目标与产出规定
	WBX3	契约中有明确的资源投入和任务流程规定
	WBX4	契约中有明确的知识共享边界规定(包括技术成果、产权、专利使用规定和相应的保密规定等)
	WBX5	契约中明确规定了相应的风险应对措施(包括契约中止、契约变更、违约处理、合作冲突解决等)
契约履行的严格性	YGX1	双方以契约规定来维持合作关系
	YGX2	契约是约束双方行为、化解冲突分歧的最有力工具
	YGX3	双方的违约成本很高

5.3.3 关系治理变量的测量

根据前文3.2.2对于多元农业推广中关系治理机制的内涵与维度界定,本书出于将内在规则(信任)维度与关系规范维度有机糅合的考虑,主要将关系治理机制划分为信任与关系维护、共同解决问题和信息沟通与共享三个维度。

针对这三个具体维度的内涵刻画,在参考了薛卫等(2010a、2010b)、Malhotra & Lumineau(2011)、Lumineau & Henderson(2012)、王兰(2012)提出的关系治理测量量表题项表述的基础上,本书最终确定了关系治理的三维度测量量表,相应的测度题项见表5-3。具体来看,题项 XRWH1～XRWH3 反映的是对信任与关系维护这一维度的测度,其中题项 XRWH1 测度的是组织彼此间的信任度,题项 XRWH2 和 XRWH3 则分别测度了组织彼此间的合作互惠行为和合作包容行为；题项 GTJJ1～GTJJ3 反映的是对共同解决问题维度的测度；题项 GTJL1～GTJL3 则反映的是对信息沟通与交流这一维度的测度，其中题项 GTJL1 测度的是多元化信息沟通与交流渠道的构建，题项 GTJL2 测度的是非正式沟通渠道的使用程度，题项 GTJL3 则测度的是组织彼此间信息传递与交换的有效性程度。

表 5-3　关系治理三维度测量量表

变　量	题　号	测度题项
信任与关系维护	XRWH1	双方均认可彼此的声誉及在其领域内的综合实力
	XRWH2	双方在合作中可以主动履行自身的责任与承诺
	XRWH3	双方积极、公正地解决相互间的冲突与矛盾
共同解决问题	GTJJ1	双方可以根据外部环境的变化、问题的反馈柔性调整合作的内容、方向与重心
	GTJJ2	双方可以主动咨询和听取对方的意见和建议
	GTJJ3	双方可以共同探讨和解决推广中遇到的突发状况与难题
信息沟通与交流	GTJL1	双方建立起多种信息往来的渠道与方式
	GTJL2	双方利用非正式渠道沟通与交流的频率很高
	GTJL3	双方可以主动及时地告知彼此项目运行的准确信息

5.3.4　合作绩效变量的测量

针对我国多元合作农业推广的实践，基于前文 4.1.3 对农业推广合作绩效的评价指标分析，本书主要从直接绩效和间接绩效两方面来衡量推广合作绩效，其中直接绩效方面主要选取了推广合作预期目标的实现程度、各组织对合作推广的整体满意程度和用户对合作推广的满意程度三方面的指标；间接绩效方面则主要包括组织从推广合作中所获得的竞争优势，这种竞争优势主要反映在参与合作后，组织整体推广效率的提升以及相关成本费用的节约，还包括组织相关农业推广人员综合素质能力的提升，具体反映在学习能力（包括知识技术的识别、吸收、整合、应用）、创新能力的提升等。这

5方面的指标共同构成了合作绩效测量量表,对应的测度题项见表5-4。其中,JX1反映了推广合作项目预期目标的实现程度;JX2反映了组织对合作推广的整体满意程度;JX3反映了组织效率提升以及相关成本费用的降低程度;JX4反映了组织推广人员综合素质能力的提升情况;JX5则反映了用户对于合作推广项目的满意程度。

表5-4 合作绩效变量的测量量表

变量	题号	测度题项
合作绩效	JX1	合作的预期目标基本实现
	JX2	双方愿意继续长期合作下去
	JX3	合作提升了双方的推广效率,节约了相关的成本费用
	JX4	合作使双方从事农业推广人员的综合素质有所提升
	JX5	用户对合作推广感到很满意

5.3.5 环境动态性变量的测量

根据前文3.3.2对于多元农业推广中环境动态性的内涵界定,环境动态性主要包括三个维度,第一个维度是用户需求的动态性,主要反映了用户相关技术需求的可预测程度;第二个维度是竞争的动态性,主要反映了推广的竞争对手对于合作推广项目的影响程度;第三个维度是技术的动态性,主要反映了所推广技术内容更新换代的速度。基于此理论分析,同时参考了Xia & Li(2004)、高启杰和董杲(2016)提出的环境动态性测量准则,本书设计出了环境动态性变量的测量量表,具体的测度题项见表5-5。其中题项DTX1主要对应测度的是用户需求的动态性,题项DTX2主要对应测度的是竞争的动态性,题项DTX3则主要测度的是技术的动态性。

表 5-5 环境动态性变量的测量量表

变 量	题 号	测度题项
环境动态性	DTX1	用户相关的技术需求难以预测
	DTX2	推广的竞争对手对于合作推广项目有很大影响
	DTX3	合作推广的技术内容更新换代的速度很快

5.3.6 资产专用性变量的测量

学界有关资产专用性变量的测量量表较多,测度题项表述也较为成熟。根据前文 3.3.3 中对多元农业推广中资产专用性的内涵界定,本书所设计的资产专用性测量量表(表 5-6)主要从物质资产专用性和非物质资产专用性两个方面进行测度。其中物质资产专用性主要是指合作推广中所需投入的专用性的物质资源(如配套技术设施、设备与工具等),相应的测度题项为 ZYX1;非物质资产专用性主要考虑到了专用的知识资本、人力资本投入,前者主要指合作推广中投入的特有知识技术专利、成果等,相应的测度题项为 ZYX2,而后者主要是指合作推广中所进行的人力资源开发、培训等投入,相应的测度题项为 ZYX3。

表 5-6 资产专用性变量的测量量表

变 量	题 号	测度题项
资产专用性	ZYX1	合作推广中投入了许多专用性的物质资源(如配套技术设施、设备与工具等)
	ZYX2	合作推广中投入了许多富有价值的知识技术专利与成果
	ZYX3	合作推广中投入了许多时间、资金为相关推广人员进行知识技术培训

5.3.7 知识转移变量的测量

根据前文 4.2.2 分析,基于我国多元合作农业推广的实践,本书对知识转移变量的测量主要是针对知识转移的有效性来展开的，具体包括知识的可获取性、知识转移的快速性和对所转移知识的满意度三个方面。在参考了 Kotabe et al(2003)、卢兵等(2007)、李运河(2010)以及 Zhang & Zhou (2013)所提出的知识转移测量准则基础上，本书所设计的知识转移测量量表也主要从以上三方面重点进行测度，相应的测度题项见表 5-7。其中，题项 ZSZY1 和 ZSZY2 测度的是合作中显性知识和隐性知识的可获取和共享的程度；题项 ZSZY3 反映的是合作中知识技术转移的速度；题项 ZSZY4 则反映的是组织对于所转移知识的满意程度，即对合作中所转移知识新颖性的主观判定。

表 5-7 知识转移变量的测量量表

变 量	题 号	测度题项
知识转移	ZSZY1	合作中许多无法书面化的技术操作经验在彼此间得到了较好的共享
	ZSZY2	合作中一些书面化的技术操作指南、手册等在彼此间得到了较好的共享
	ZSZY3	合作中相关知识技术在彼此间的转移速度较快
	ZSZY4	合作中在彼此间转移共享的新知识占的比重较大

5.3.8 控制变量的设置

虽然本书重点探究的是组织邻近性、契约治理、关系治理和合作绩效 4 个主要潜变量之间的交互关系，但是为了尽可能地保证研究结果的科学性和严谨性，还有必要设置控制变量来尽可能地削弱其他外部变量对于主要潜变量的干扰作用。

梳理国内外相关的研究成果可以发现，一般组织间地理距离越邻近，越有利于组织间信息沟通与交流，并推动组织间良好合作关系的建立，而地理距离所造成的信息不对称，可能导致推广组织无法全面掌握合作对象的情况，最终导致推广合作绩效受到削弱。但地理邻近性并不是在推广知识生产和交互中唯一的影响因素，地理邻近性在特殊场合下也会失效，例如，地理上的邻近可以引起无意识的知识溢出，并在本地紧张压力下形成不信任的环境，在这一特殊情况下，推广组织成员将面临知识占用问题，集群将出现不稳定性和脆弱性（Carrincazeaux et al，2008）。基于此，我们可以看出组织间的地理邻近程度在本书建立的框架关系中可能存在潜在的干扰作用，尽管本书的实证研究主要围绕枣庄地区的合作农业推广项目而展开的，同市间的合作项目占据了大多数，但仍存在一部分同省间跨市以及跨省区的合作项目，故本书为了严谨起见，仍选择反映组织间地理邻近程度的地理距离要素作为控制变量（同省同市取值为1，同省不同市取值为2，不同省取值为3）。

除了组织间地理距离这一影响要素外，薛卫等（2010a）基于文献分析指出在产学合作中，技术属性（包括缄默性、复杂性和战略性）对于合作治理机制应有显著的影响，并通过回归模型验证发现：技术属性的三个维度对于契约治理均具有显著的正向影响，此外，在研究契约治理和关系治理对于合作绩效的影响效应时，进一步作为控制变量的技术战略性对于最终的合作绩效也具有显著的正向影响。也就是说合作技术对于双方战略价值的高低不仅对于合作治理机制而且对于最终的合作绩效都有潜在的影响作用，因此，为了保证本书实证结果尽可能地不受到技术类型要素干扰，本书还引入了合作技术类型（公共技术取值为1，准公共技术取值为2，私人技术取值为3）作为控制变量。

5.4 本章小结

一般而言，研究设计主要包括在总体上阐明实证研究的基本流程以及具体的问卷设计的基本原则，本章内容也主要是围绕这两方面来展开的。第一节主要展示了本书的实证研究流程，第二节主要阐明了问卷设计的主要实现步骤，第三节主要展示了问卷中每一构念的具体测量量表及相应的测度题项。这些都为进一步地展开数据收集奠定了基础。

第6章

样本描述与假设检验

本章将重点采用规范的实证研究方法来验证前文章节通过理论推演所提出的相关假设，具体来讲主要包括四个部分：第一部分主要介绍了样本数据收集的方法、样本特征以及主要变量的描述性统计分析结果；第二部分主要是进行样本的相关性分析以及信度、效度检验；第三部分主要是验证组织邻近性对于契约治理和关系治理的影响，这既包括组织邻近性的直接影响，还包括环境动态性和资产专用性在组织邻近性与关系治理机制间所起的调节效应；第四部分则主要是验证契约治理和关系治理对推广合作绩效的影响效应，这既包括两者对合作绩效的直接影响效应，也包括知识转移变量在两者间所起的中介效应，在此基础上进一步借助结构方程模型构建起合作治理机制变量、知识转移变量与推广合作绩效变量之间的中介模型，探究该路径关系下多变量间的作用关系和作用大小。

6.1 样本与数据收集

在数据收集之前，必须首先围绕研究主题确定调查研究的对象。本书主要以行政型、教育型、科研型、企业型和自助型这五种类型的农业推广组织为主要调查对象，其中行政型农业推广组织主要是指那些政府设置的农业推广机构；教育型农业推广组织主要包括农业高等院校以及农业中等职业学校所设置的农业推广机构，包括从事相关教育的研究部门以及从事农业科研的研究中心、研究所和实验室等；科研型农业推广组织是指科研机构所专门设置的农业推广组织，具体包括中国农业科学院、各直辖市或省（自治区）的农业科学院以及各地市的农业科学研究所等农业科研与推广机构；企业型农业推广组织主要是指那些企业设置的农业推广机构，多以公司形式出现；自助型农业推广组织主要是指那些基于会员合作行动而形成的组织机构，以农民所形成的农业专业合作组织最具代表性。在确定将这五种类型推广组织作为调查对象的基础上，本书进一步地以其近年内参与完成的合作推广项目为依托展开实地问卷调查。

在明确研究对象后，下一步就进入数据收集阶段。由于本书主要围绕山东省枣庄市展开具体的实地调查，因此样本对象主要是枣庄市所辖五区一市范围内的农业推广组织。选择将山东省枣庄市作为主要的样本来源，主要出于以下两方面的考虑。

第一，根据《中国统计年鉴2016》[①]数据显示，我国2015年农、林、牧、渔业的总产值已经达到107 056.4亿元，而山东省农、林、牧、渔业总产值为9 549.6亿元，可以占全国农、林、牧、渔业总产值的近9%，这在全国各省、市、自治区中位列第一位。山东省是我国的农业大省和农产品出口贸易的第一大省，在蔬菜、花生等具体产业方面具有很强的优势。其中鲁南农业人口占总人口的40%以上，农业产量占全省总产量的近40%，枣庄市作为鲁南地区的重要组成，现代农业的战略地位十分突出[②]。具体来看，枣庄

---

① 中华人民共和国国家统计局．中国统计年鉴2016．北京：中国统计出版社，2017．

② 中华人民共和国农业部．山东省滕州市国家现代农业示范区发展规划（2012—2017年）．http://www.moa.gov.cn/ztzl/xdnysfq/fzgh/201301/t20130118_3202119.htm．2013年1月．

市地处鲁中南低山丘陵南部地区，属于黄淮冲积平原的一部分，虽然枣庄市总体上看地形较为复杂，但其所辖滕州市农业生产条件非常优越，平原区面积914平方千米，占滕州市总面积的61.6%，西邻微山湖，西部滨湖区水产资源丰富，东部山区丘陵的药材品种齐全，土壤肥沃，总人口169万人，是山东省人口最多的县级市①。从总体上看枣庄市农业发展水平较高，2009年滕州市作为山东省的代表，和寿光市一起入选第一批国家现代农业示范区，滕州市的粮食产业、绿色蔬菜产业、养殖产业和林果产业优势突出，曾荣获“全国粮食生产先进县标兵”称号，马铃薯和大白菜都是其优势产品，均荣获国家地理标志保护产品称号，特别是作为全国马铃薯二季作区种植面积最大的县(市)，素有“中国马铃薯之乡”之称。在此之后，2015年枣庄市又入选第三批国家现代农业示范区。

枣庄市政府非常重视农业技术推广工作，市委、市政府印发了《枣庄市乡村振兴战略规划(2018—2022年)》和《枣庄市推动乡村产业振兴工作方案》《枣庄市推动乡村人才振兴工作方案》《枣庄市推动乡村组织振兴工作方案》等一系列相关政策条文，除积极部署实施国家、山东省所下达的农业推广方面的政策指令，还积极推进山东省“三支一扶”大学生计划，提供大量基层农业技术推广岗位，以求更好地充实基层农业技术推广力量。以其所辖滕州市为例，滕州市政府曾出台《滕州市人民政府关于基层农业技术推广体系改革的意见》和《滕州市人民政府关于印发〈滕州市村级农业技术推广服务站技术管理办法〉的通知》，明确了市、镇农业技术推广机构的公益性职能，各镇(街)农业技术推广机构统一设置为农业综合服务站(共21处，由原农业技术、林业果树、农业机械、水利等站整合后组成)，经费及人员工资全额纳入财政预算，同时在各行政村设立村级农业科技推广服务站和教学班。在科技合作、农业推广合作方面，与山东省农业科学院、山东农业大学建立

① 中华人民共和国农业部．山东省滕州市国家现代农业示范区发展规划(2012－2017年)．http://www.moa.gov.cn/ztzl/xdnysfq/fzgh/201301/t20130118_3202119.htm.2013年1月。

了长期的合作关系，长年聘请知名专家、学者为市政府农业科技顾问，并在滕州市建立起实训基地，每年培训技术人员、科技示范户约5 000人次①。由此可见山东省枣庄市在全国范围内，属于农业发展水平较高、合作农业推广工作开展较好的地区，在此地区开展实地调查，可以更好地检验本书提出的相关理论假设。

第二，笔者的家乡位于山东省枣庄市，对于当地的农业产业发展状况、农业推广工作的开展情况等均有一定程度的了解，且与当地政府部门、企业等有一定程度的交流与联系，这都方便于开展进一步的实地调查工作。

基于此，笔者于2014年7月份至2016年5月份前往山东省枣庄市（包括五区一市，即滕州市、市中区、台儿庄区、山亭区、薛城区和峄城区）展开具体的实地调查工作。本次调查由于其特殊性（涉及具体项目且需要同推广组织负责人进行深度访谈），故主要采用了调查方法中的便利抽样法，一方面利用导师在农业推广界的广泛联系，另一方面则动用了一些私人关系，并通过重点推广组织走访的形式，对不同类型推广组织及其部分合作单位的主要负责人进行了深度访谈和问卷调查，共获得问卷108份，其中有效问卷108份，问卷有效回收率为100%。

6.2 样本特征

本节的样本特征分析主要从区域分布、产业分布、合作主体间地理距离、推广组织类型、合作类型、合作技术类型以及建立合作关系时长7个方面展开。

① 中华人民共和国农业部．山东省滕州市国家现代农业示范区发展规划（2012—2017年）．http://www.moa.gov.cn/ztzl/xdnysfq/fzgh/201301/t20130118_3202119.htm.2013年1月.

6.2.1 调查样本的区域分布

根据表6-1的统计结果，调查样本的区域分布遍及了枣庄市所辖的一市五区，来自滕州市、薛城区、峄城区、台儿庄区、市中区和山亭区的样本数分别占到总样本数的56.4%、13.0%、10.2%、8.3%、6.5%和5.6%。样本区域分布情况基本与现实中枣庄地区一市五区经济发展状况、人口分布密集程度趋同，故调查样本具有一定的普遍性和代表性。

表6-1 调查样本的区域分布情况（$N=108$）

统计内容	区/县	样本数(个)	百分比(%)
区域分布	滕州市	61	56.4
	峄城区	11	10.2
	市中区	7	6.5
	薛城区	14	13.0
	台儿庄区	9	8.3
	山亭区	6	5.6

注：枣庄市政府驻地为薛城区，调研中所涉及的5份市一级别调查问卷（枣庄市农业技术推广中心）统计入薛城区。

6.2.2 调查样本的产业分布

根据表6-2的统计结果，被调研的合作农业推广项目，涉及不同的农业产业类型，主要包括种植业、畜牧业、林果业（包括树林、园林、果木、花卉）、水产业和其他产业（指除种植业、畜牧业、林果业、水产业外的产业类型）五大类，以上各产业类型分别占样本总数的55.6%、25.9%、9.3%、8.3%和0.9%。调查样本所涉及的农业产业类型以种植业和畜牧业为主，较为符合现实中的农业生产发展状况。

表 6-2 调查样本涉及产业的分布情况（$N=108$）

产业类型	样本数（个）	百分比（%）
种植业	60	55.6
畜牧业	28	25.9
林果业	10	9.3
水产业	9	8.3
其他	1	0.9

6.2.3 调查样本中合作主体间的地理距离分布

根据表 6-3 的统计结果，在所调研的 108 个合作推广项目中，与被调查推广组织进行合作的对象，处于同省同市的有 89 个，占样本总数的 82.4%；处于同省不同市的有 18 个，占样本总数的 16.7%；处于不同省有 1 个，占样本总数的 0.9%。可见以枣庄市作为实证调研对象，所调查的合作项目中也主要以同市内部推广组织间的合作为主，这占到了样本总数的 82.4%，可以认为调查样本中合作推广两主体间的地理邻近程度以中高度邻近为主。

表 6-3 调查样本中合作主体间的地理距离分布情况（$N=108$）

地理距离	样本数（个）	百分比（%）
同省同市	89	82.4
同省不同市	18	16.7
不同省	1	0.9

6.2.4 调查样本的组织类型分布

根据表 6-4 的统计结果，被调研的农业推广组织类型涉及行政型、教育型、科研型、企业型和自助型五大类，分别占样本总数的 31.5%、1.9%、

0.9％、32.4％和33.3％。从所调查样本的组织类型分布来看，行政型、企业型和自助型三种类型的农业推广组织分布较为平均，而教育型和科研型推广组织很少，这种分布也较为符合地区性多元农业推广体系的基本特征。这是因为在我国市一级的农业科研院所和设置农业推广组织的大专院校数量非常有限，前者一般只有市一级的农业科学院，在枣庄地区即枣庄市农业科学院（并不接受调研请求），除此之外，还可能存在着少数不以营利为目的，专门从事现代农业适用新技术、新品种、新工艺的研究开发与示范推广等业务的科技类民办非企业性质的科研单位，如样本中所调研的唯一一例科研型推广组织——枣庄市新兴农业科技研究所即是此类；而后者主要以设置农业推广部门的大专院校、各级农业广播电视学校为主，枣庄地区的各类大专院校中仅有枣庄职业学院设置了农学系，并成立了相关的农业科技成果转化、推广部门，此外枣庄市各级农业广播电视学校仅滕州市农业广播电视学校近期完成过合作农业推广项目，故本书中教育型农业推广组织样本只有2个。

表6-4　调查样本的组织类型分布情况（$N=108$）

推广组织类型	样本数（个）	百分比（％）
行政型	34	31.5
教育型	2	1.9
科研型	1	0.9
企业型	35	32.4
自助型	36	33.3

6.2.5　调查样本的合作模式分布

根据表6-5的统计结果，在所有的调查样本中，“行政型＋企业型”（或“企业型＋行政型”）“行政型＋自助型”（或“自助型＋行政型”）这两种组织合作模式出现频率最高，共占样本总数的78.7％。

表 6-5 调查样本合作模式分布情况($N=108$)

合作类型	样本数(个)	百分比(%)
行政型＋教育型(或教育型＋行政型)	1	0.9
行政型＋科研型(或科研型＋行政型)	3	2.8
行政型＋企业型(或企业型＋行政型)	31	28.7
行政型＋自助型(或自助型＋行政型)	54	50.0
企业型＋教育型(或教育型＋企业型)	7	6.5
企业型＋科研型(或科研型＋企业型)	7	6.5
企业型＋自助型(或自助型＋企业型)	2	1.8
自助型＋教育型(或教育型＋自助型)	3	2.8

进一步地计算，在所调研的所有108个合作农业项目中，有行政型农业推广组织参与的项目数为89个，占样本总数的82.4%；有自助型农业推广组织参与的项目数为59个，占样本总数的54.6%；有企业型农业推广组织参与的项目数为47个，占样本总数的43.5%。通过对比表6-4调查样本中行政型、自助型和企业型推广组织分布情况(31.5%、33.3%、32.4%)，可以发现政府设置的行政型农业推广机构，自助型的农业专业合作社以及具有推广职能的涉农企业在地区农业推广实践中确实存在着广泛的合作行为，是地区农业推广中非常重要的三股力量，尤其是政府设置的行政型农业推广机构在地区性的合作农业推广中仍起到中流砥柱的作用。此外，相较于表6-4中教育型和科研型推广组织样本数过少，有教育型和科研型农业推广组织参与的项目数分别为11个和10个，也可以在一定程度上反映出农业推广中一些外部的起到"节点"作用的教育型和科研型推广组织(如省一级大专院校和科研院所等)具有很强的跨地区辐射带动力。

6.2.6 调查样本的合作技术类型分布

根据表6-6的统计结果，在所有的调查样本中，合作推广物品本身具有公共技术、准公共技术和私人技术属性的样本分别占样本总数的94.5%、4.6%和0.9%，较为符合现今我国以公益性农业技术推广为主的现实状况。

表 6-6　调查样本合作技术类型分布情况(N=108)

合作技术类型	样本数(个)	百分比(%)
公共技术	102	94.5
准公共技术	5	4.6
私人技术	1	0.9

6.2.7　调查样本中合作主体建立合作关系时长分布

根据表6-7的统计结果，在所有的调查样本中，被调研推广组织与合作对象建立合作关系的时长在1～5年的有94个，占样本总数的87.0%；6～10年的有12个，占样本总数的11.1%；11年及以上的有2个，占样本总数的1.9%。在被调研的推广主体中，选择建立合作关系时间在5年以下作为合作对象的占到八成以上，较为符合现今我国农业推广刚刚形成多元化合作雏形的阶段性特征。

表 6-7　调查样本中合作主体建立合作关系时长分布情况(N=108)

建立合作关系时长	样本数(个)	百分比(%)
1～5年	94	87.0
6～10年	12	11.1
11年及以上	2	1.9

6.3 样本描述性统计

6.3.1 组织邻近性分量表的描述性统计

表 6-8 列出了本书用于衡量合作农业推广组织间组织邻近性的 10 个测度题项及其平均值和标准差。可以看出在样本中，除了测度组织资源邻近性的 2 个题项“双方金融资源拥有量相近”“双方物质资源拥有量相近”以及测度组织关系邻近的 2 个题项“双方存在着特殊的关系历史或曾经保持过较为长久的合作关系”“组织内的关键成员与合作方有着较为紧密的关系”得分偏低外，其余组织邻近性的各测度题项表现出了较高水平，得分均值均超过了 3.33，尤其是测度认知邻近的两个题项，即“双方在合作目标、前景上总保持一致”“双方可较好地理解对方的行为，接受其处事方式”得分均超过了 3.62 分。可以认为在所调查的 108 个合作农业推广项目中，合作主体间

表 6-8　组织邻近性分量表的描述性统计

测度题项	均值	标准差
ZY1：双方金融资源拥有量相近	2.99	1.009
ZY2：双方物质资源拥有量相近	3.06	1.007
ZY3：双方人力资源（数量、质量、带头人）拥有量相近	3.36	0.880
ZY4：双方推广的渠道资源拥有量相近	3.45	0.778
JG1：双方组织的管理幅度（一个主管有效指导下属的数量）较为相近	3.33	0.927
GX1：双方存在着特殊的关系历史或曾经保持过较为长久的合作关系	2.84	1.505
GX2：组织内的关键成员与合作方有着较为紧密的关系	3.08	1.283
RZ1：双方在合作目标、前景上总保持一致	3.62	0.836
RZ2：双方可较好地理解对方的行为，接受其处事方式	3.93	0.805
RZ3：双方有较为相似的价值观念和利益取向	3.40	0.896

的组织邻近性程度处于中度偏高的状态。具体来看，合作推广各主体间组织邻近性的属性逻辑维度得分均值为3.24，但组织间的金融和物质资源相较于其他资源，邻近程度明显较低，而组织邻近性的认知逻辑维度得分均值为3.37，但组织间的关系邻近程度明显低于组织间的认知邻近程度。

6.3.2 契约治理分量表的描述性统计

表6-9列出了本书用于衡量合作农业推广组织间契约治理水平的8个测度题项及其平均值和标准差。

表6-9 契约治理分量表的描述性统计

测度题项	均值	标准差
WBX1:契约主要依据合作推广项目的特点而订立	3.68	0.734
WBX2:契约中有明确的合作目标与产出规定	3.53	0.961
WBX3:契约中有明确的资源投入和任务流程规定	3.49	0.922
WBX4:契约中有明确的知识共享边界规定（包括技术成果、产权、专利使用规定和相应的保密规定等）	3.47	0.971
WBX5:契约中明确规定了相应的风险应对措施（包括契约中止、契约变更、违约处理、合作冲突解决等）	3.38	1.039
YGX1:双方以契约规定来维持合作关系	3.16	0.822
YGX2:契约是约束双方行为、化解冲突分歧的最有力工具	3.14	0.961
YGX3:双方的违约成本很高	3.14	0.932

可以看出8个测度题项的均值都大于3.14，说明在所调查的108个合作农业推广项目中，合作主体彼此间的总体契约治理水平一般。具体来讲契约治理的契约完备性维度的得分均值为3.51，即反映了彼此间项目伊始所制定的契约完备性程度较高，但契约履行的严格性维度得分均值仅为3.15，这也从一定程度上反映了在项目执行过程中彼此间所制定的契约并不一定可以得到较为严格的执行。

6.3.3 关系治理分量表的描述性统计

表6-10列出了本书用于衡量合作农业推广组织间关系治理水平的9个测度题项及其平均值和标准差。从总体上看，所有的9个测度题项的均值都大于3.34，尤其是反映组织间信任水平的测度题项“双方均认可彼此的声誉及在其领域内的综合实力”以及共同解决问题的2个测度题项“双方可以主动咨询和听取对方的意见和建议”“双方可以共同探讨和解决推广中遇到的突发状况与难题”的均值均超过了4，可以认为在所调查的108个合作农业推广项目中，合作主体彼此间的关系治理水平较高。具体来看，在关系治理的三个主要维度中，合作主体间的信任与关系维护维度的得分均值为3.92，共同解决问题维度的得分均值为3.97，而信息沟通与交流维度的得分均值为3.61，明显低于前两个维度，可以在一定程度上认为在合作项目实施中各合作主体间的信息沟通与交流仍较为欠缺。

表6-10 关系治理分量表的描述性统计

测度题项	均值	标准差
XRWH1：双方均认可彼此的声誉及在其领域内的综合实力	4.04	0.916
XRWH2：双方在合作中可以主动履行自身的责任与承诺	3.89	0.846
XRWH3：双方积极、公正地解决相互间的冲突与矛盾	3.82	0.830
GTJJ1：双方可以根据外部环境的变化、问题的反馈柔性调整合作的内容、方向与重心	3.69	0.805
GTJJ2：双方可以主动咨询和听取对方的意见和建议	4.16	0.811
GTJJ3：双方可以共同探讨和解决推广中遇到的突发状况与难题	4.05	0.825
GTJL1：双方建立起多种信息往来的渠道与方式	3.50	0.791
GTJL2：双方利用非正式渠道沟通与交流的频率很高	3.34	0.997
GTJL3：双方可以主动及时地告知彼此项目运行的准确信息	3.98	0.723

6.3.4 合作绩效分量表的描述性统计

表 6-11 列出了本书用于衡量合作农业推广组织间合作绩效的 5 个测度题项及其平均值和标准差。在合作绩效变量的 5 个测度题项中，测度组织间合作满意度的题项“双方愿意继续长期合作下去”得分均值最高，为 4.23，而测度组织间合作目标实现程度的题项“合作的预期目标基本实现”得分均值最低，为 4.12，但从总体上看 5 个测度题项的得分均值均大于 4，且得分均值的区间差异范围并不是很大，因此在所调查的 108 个合作农业推广项目中，可以认为合作主体彼此间的总体合作绩效水平较高。

表 6-11 合作绩效分量表的描述性统计

测度题项	均值	标准差
JX1:合作的预期目标基本实现	4.12	0.782
JX2:双方愿意继续长期合作下去	4.23	0.678
JX3:合作提升了双方的推广效率，节约了相关的成本费用	4.19	0.658
JX4:合作使双方从事农业推广人员的综合素质能力有所提升	4.14	0.742
JX5:用户对合作推广感到很满意	4.19	0.686

6.3.5 环境动态性分量表的描述性统计

表 6-12 列出了本书用于衡量合作农业推广中外部环境动态性的 3 个测度题项及其平均值和标准差。从总体上看，所有的 3 个环境动态性的测度题项得分均值都在 3.16 以下，说明所调查的 108 个合作农业推广项目的外部环境动态变化程度一般，即样本项目面临的外部环境动态性程度不高。具体来看，测度技术动态性的题项“合作推广的技术内容更新换代的速度很快”的得分均值最高，而测度竞争动态性的题项“推广的竞争对手对于合作推广项目有很大影响”得分均值最低，可以看出在所有的外部环境动态性层

面中，技术动态性程度最高，需求动态性程度次之，竞争动态性程度则最低。

表 6-12 环境动态性分量表的描述性统计

测度题项	均值	标准差
DTX1：用户相关的技术需求难以预测	2.94	1.084
DTX2：推广的竞争对手对于合作推广项目有很大影响	2.75	1.120
DTX3：合作推广的技术内容更新换代的速度很快	3.16	0.968

6.3.6 资产专用性分量表的描述性统计

表 6-13 列出了本书用于衡量合作农业推广组织间专用性资产投入的 3 个测度题项及其平均值和标准差。可以看出无论是物质资产专用性还是非物质资产专用性测度题项上的均值都显示出较高的水平，说明在所调查的 108 个合作农业推广项目中，合作主体彼此间的专用性资产投入水平较高。具体来看，测度物质资产专用性投入的题项“合作推广中投入了许多专用性的物质资源（如配套技术设施、设备与工具等）”得分均值最高，这一结果也与我国农业推广的实际发展状况相符合，即推广仍以农业技术推广为主，在很多时候需要围绕相关技术投入一些配套技术设施、设备与工具等，如现今全国大力推广的水肥一体化技术、测土配方施肥技术等。

表 6-13 资产专用性分量表的描述性统计

测度题项	均值	标准差
ZYX1：合作推广中投入了许多专用性的物质资源（如配套技术设施、设备与工具等）	3.66	0.686
ZYX2：合作推广中投入了许多富有价值的知识技术专利与成果	3.54	0.869
ZYX3：合作推广中投入了许多时间、资金为相关推广人员进行知识技术培训	3.56	0.931

6.3.7 知识转移分量表的描述性统计

表 6-14 列出了本书用于衡量合作农业推广组织间知识转移有效性的 4 个测度题项及其平均值和标准差。所有测度题项的得分均值均高于 3.57,故从总体上看,可以认为在所调查的 108 个合作农业推广项目中,合作主体彼此间知识转移的有效性程度较高。但是具体来看,一方面测度知识的可获取和共享的程度的两个题项"合作中许多无法书面化的技术操作经验在彼此间得到了较好的共享""合作中一些书面化的技术操作指南、手册等在彼此间得到了较好的共享"得分均值分别为 3.91 和 3.82,可以看出所调查的推广合作样本中各主体间的知识可获取和共享的程度较高,且隐性知识比显性知识可获取和共享的程度更高;另一方面测度知识转移速度的题项"合作中相关知识技术在彼此间的转移速度较快"得分均值最低,为 3.57,也可以在一定程度上反映出相较于知识可获取的难度,知识的转移速度和效率问题在整个知识转移过程中显得更为突出。

表 6-14 知识转移分量表的描述性统计

测度题项	均值	标准差
ZSZY1:合作中许多无法书面化的技术操作经验在彼此间得到了较好的共享	3.91	0.743
ZSZY2:合作中一些书面化的技术操作指南、手册等在彼此间得到了较好的共享	3.82	0.795
ZSZY3:合作中相关知识技术在彼此间的转移速度较快	3.57	0.811
ZSZY4:合作中在彼此间转移共享的新知识占得比重较大	3.61	0.771

6.4 信度与效度检验

对于回归模型、结构方程模型而言，必须首先通过信度检验和效度检验，以考察各观测变量的一致性程度和有效性程度，这是保证潜变量之间理论关系存在的重要条件。因此，本节的任务是对组织邻近性、契约治理、关系治理、合作绩效、环境动态性、资产专用性、知识转移7个主要的变量进行信度检验和效度检验。本书的信度检验主要是进行内部一致性检验，而效度检验则从两个方面进行，即内容效度检验和建构效度检验。

6.4.1 信度检验

对于量表而言，信度是极为重要的技术性指标。信度指的是测量结果的一致性或稳定性，也就是研究者对于相同的或相似的现象(或群体)进行不同的测量(不同形式的或不同时间的)，其所得的结果一致的程度(荣泰生，2009)。根据测量的时点、工具等的不同，测量信度的方法一般包括内在一致性信度测量和复本信度测量等。

本书主要采用内在一致性的信度测量方法。现今学界内的专题研究，特别是在单一因子内，测量内在一致性最为普遍使用的指标便是Cronbach's α 系数值。这一系数值在0～1变化，当在某一建构变量下，其度量题项的Cronbach's α 系数值大于0.7，表示其内在一致性效果良好，也就是说属于高信度，这一标准也为学者们所普遍认可。因此，本书将以Cronbach's α 系数值是否大于0.7，以及每一题项若已删除的Cronbach's α 系数值均不大于整个分量表的Cronbach's α 系数值作为信度测量的主要考核标准。

6.4.1.1 组织邻近性量表的信度检验

表 6-15 显示的是对组织邻近性分量表的信度分析结果，可以看出测量组织邻近性的 10 个题项内部一致性系数值 Cronbach's α 为 0.904，远高于 0.7 的可接受标准，并且 10 个题项若已删除的 Cronbach's α 值均小于 0.904，故此分量表属于高信度。

表 6-15 组织邻近性量表的信度分析结果

题项	题项若已删除的 Cronbach's α 值	Cronbach's α 值
ZY1	0.899	0.904
ZY2	0.893	
ZY3	0.897	
ZY4	0.902	
JG1	0.890	
GX1	0.894	
GX2	0.886	
RZ1	0.894	
RZ2	0.894	
RZ3	0.892	

6.4.1.2 契约治理量表的信度检验

表 6-16 显示的是对契约治理分量表的信度分析结果，可以看出测量契约治理水平的 8 个题项内部一致性系数值 Cronbach's α 为 0.902，远大于 0.7 的可接受标准，并且 8 个题项若已删除的 Cronbach's α 值均小于 0.902，

表 6-16 契约治理量表的信度分析结果

	题项	题项若已删除的 Cronbach's α 值	Cronbach's α 值
契约治理	WBX1	0.892	0.902
	WBX2	0.887	
	WBX3	0.883	
	WBX4	0.893	
	WBX5	0.882	
	YGX1	0.894	
	YGX2	0.898	
	YGX3	0.884	

故此分量表属于高信度。

6.4.1.3 关系治理量表的信度检验

表 6-17 显示的是对关系治理分量表的信度分析结果，可以看出测量项目复杂性的 9 个题项内部一致性系数值 Cronbach's α 为 0.901，远大于 0.7 的可接受标准，并且 9 个题项若已删除的 Cronbach's α 值均小于或等于 0.901，故此分量表属于高信度。

表 6-17 关系治理量表的信度分析结果

题项	题项若已删除的 Cronbach's α 值	Cronbach's α 值
XRWH1	0.882	
XRWH2	0.888	
XRWH3	0.885	
GTJJ1	0.881	
GTJJ2	0.886	0.901
GTJJ3	0.887	
GTJL1	0.895	
GTJL2	0.901	
GTJL3	0.890	

6.4.1.4 合作绩效量表的信度检验

表 6-18 显示的是对合作绩效分量表的信度分析结果。从表中可以看出测量合作绩效的 5 个题项内部一致性系数值 Cronbach's α 为 0.806，远大于 0.7 的可接受标准，并且 5 个题项若已删除的 Cronbach's α 值均小于 0.806，故此分量表属于高信度。

表 6-18 合作绩效量表的信度分析结果

题项	题项若已删除的 Cronbach's α 值	Cronbach's α 值
JX1	0.788	
JX2	0.764	
JX3	0.776	0.806
JX4	0.758	
JX5	0.758	

6.4.1.5 环境动态性量表的信度检验

表 6-19 显示的是对环境动态性分量表的信度分析结果，可以看出测量环境动态性的 3 个题项内部一致性系数值 Cronbach's α 为 0.807，远大于 0.7 的可接受标准，并且 3 个题项若已删除的 Cronbach's α 值均小于 0.807，故此分量表属于高信度。

表 6-19 环境动态性量表的信度分析结果

题项	题项若已删除的 Cronbach's α 值	Cronbach's α 值
DTX1	0.708	
DTX2	0.744	0.807
DTX3	0.753	

6.4.1.6 资产专用性量表的信度检验

表 6-20 显示的是对资产专用性分量表的信度分析结果，可以看出测量资产专用性的 3 个题项内部一致性系数值 Cronbach's α 为 0.705，大于 0.7 的可接受标准，并且 3 个题项若已删除的 Cronbach's α 值均小于 0.705，故此分量表属于高信度。

表 6-20 资产专用性量表的信度分析结果

题项	题项若已删除的 Cronbach's α 值	Cronbach's α 值
ZYX1	0.650	
ZYX2	0.599	0.705
ZYX3	0.581	

6.4.1.7 知识转移量表的信度检验

表 6-21 显示的是对知识转移分量表的信度分析结果，可以看出测量知识转移的 4 个题项内部一致性系数值 Cronbach's α 为 0.782，大于 0.7 的可接受标准，并且 4 个题项若已删除的 Cronbach's α 值均小于 0.782，故此分量表属于高信度。

表 6-21 知识转移量表的信度分析结果

题项	题项若已删除的 Cronbach's α 值	Cronbach's α 值
ZSZY1	0.689	0.782
ZSZY2	0.679	
ZSZY3	0.753	
ZSZY4	0.781	

6.4.2 效度检验

效度检验的目的在于一方面保证该测量工具是在测量其所要探讨的构念(construct),而非其他;另一方面则是检验该测量工具是否能正确地测量出该构念。前者实为检验内容效度,也就是指测量工具能否覆盖到它所要测量的某一构念的各个层面;后者则为检验建构效度,指测量工具能够测量理论构念的程度。本书效度检验也主要从这两个方面进行。

内容效度是指测量量表是否可以涵盖它所要测量的某一构念的全部层面。本书所采用的测度量表大多是在国内外学者实证研究基础上形成的。相应测度指标的选取和测度题项的设置主要参考了国内外均使用过的成熟量表,并在不改变原意的前提下结合本研究内容对题项的表述做出了适当的修改和调整。在问卷正式发放之前,首先根据推广领域相关专家学者的意见对问卷进行了第一次修改,然后在局部范围内对部分推广组织进行了预调研,并根据反馈的意见结果、数据基本情况,结合部分所调研推广组织负责人的相关建议对问卷进行了第二次修改并最终形成了正式发放的问卷。基于以上步骤,可以认为本书所采用的量表具有较高的内容效度。因此本节的重点在于对量表建构效度的分析。

建构效度分为收敛效度和区别效度。荣泰生(2009)指出,收敛效度所探讨的是周延性的问题,即要求对原理论建构的充分了解,而区别效度所探讨的是排他性的问题,即将不相关的理论建构排除在外。一般来讲,用来检验建构效度的标准包括两个方面：一方面是观察各题项在建构变量上的负荷情况，需要各题项的因子负荷量大于0.5；另一方面则是利用结构方程模型常用的拟合指数来检验模型本身的拟合情况。因此，对建构效度的分析主要是通过探索性因子分析和验证性因子分析共同来进行的。

6.4.2.1 探索性因子分析

本书通过探索性因子分析可以去掉一些因子负荷量较低的观测题项，从而分析出所建构变量的内在结构，具体来讲，包括获得各测度题项对其相应的建构变量的因子负荷量以及主要因子对于建构变量的累积方差解释量。本书的探索性因子分析，主要是通过主成分分析法来实现的，而选取共同因子转轴的方法则选用了最大方差正交转轴法。吴明隆(2010)认为，在社会科学领域中，所萃取的共同因子累计解释变异量在50%以上，因子分析的结果是可以接受的。基于此，本书在提取主成分时所遵循的原则是：首先限定特征值大于1，同时提取的因子至少能累计解释50%以上的变异量。如若限定特征值大于1所提取的因子不能累计解释50%以上的变异量，则加大提取因子的个数，直到提取的因子至少能累计解释50%的变异量为止。根据陈顺宇(2004)、吴明隆(2010)等学者的观点，在因子分析程序中，因子负荷量的挑选准则应与样本大小相对应，当样本量在100～120时，因子负荷量的挑选标准最好在0.5以上。因此为保证统计的严谨性，在本研究的探索性因子分析中，以因子负荷量大于0.5作为保留题项的标准。此外，检验当前因子分析的样本量适当性量数指标KMO(kaiser meyer olkin)值，根据Kaiser & Rice(1974)的观点，也应当至少在0.6以上。

(1)对组织邻近性的探索性因子分析

本书通过SPSS 20.0软件对组织邻近性的10个题项进行因子分析，表6-22显示了旋转后的因子提取结果。首先，KMO值为0.868，Bartlett球体检验的近似卡方值为629.457，自由度为45，卡方统计值的显著性水平为0.000，小于0.001，表明各指标之间具有较高的相关性，数据适合进行因子分析。

在限定特征值大于1的前提下提取的两个因子可以累积解释65.396%的变异量，高于所设定的50%的标准，且分量表的一致性系数值Cronbach's α分别为0.874和0.830，均具有较高的信度。具体来讲，从旋转后的因子负荷矩阵来看，组织邻近性的10个测度题项均负载在2个提取因子上。第1个提取因子中，5个题项的因子负荷量均大于0.5，根据本书3.1.2节的理论分析将其命名为组织邻近性的认知逻辑维度。第2个提取因子中，5个题项的因子负荷量也均大于0.5，根据本书3.1.2节的理论分析将其命名为组织邻近性的属性逻辑维度。因此对变量组织邻近性进行因子分析可以提取两个主成分因子：组织邻近性的属性逻辑维度和认知逻辑维度，说明前文理论分析中对组织邻近性变量应从属性逻辑和认知逻辑两个维度进行讨论是较为合适的。但组织邻近性分量表是否具备很高的建构效度，还需进行进一步的验证性因子分析。

表6-22 旋转后的组织邻近性变量因子提取结果

新因子名称	题项	1	2
1. 组织邻近性的认知逻辑维度	GX1	0.813	
	RZ2	0.807	
	RZ1	0.795	
	GX2	0.787	
	RZ3	0.645	
2. 组织邻近性的属性逻辑维度	ZY2		0.800
	ZY1		0.787
	ZY4		0.703
	JG1		0.663
	ZY3		0.522
Cronbach's α 值		0.874	0.830
累计解释变异量(%)		65.396	
KMO值		0.868	
Bartlett的球体检验	近似卡方值	629.457	
	df	45	
	Sig.	0.000	

(2)对契约治理的探索性因子分析

本书通过 SPSS 20.0 软件对契约治理的 8 个题项进行因子分析，表 6-23 中显示了旋转后的因子提取的结果。KMO 值为 0.876，Bartlett 球体检验的近似卡方值为 496.821，自由度为 28，卡方统计值的显著性水平为 0.000，小于 0.001，表明各指标之间具有较高的相关性，数据适合进行因子分析。

表 6-23 旋转后的契约治理变量因子提取结果

新因子名称	题项	1	2
1. 契约的完备性	WBX1	0.826	
	WBX2	0.811	
	WBX4	0.781	
	WBX3	0.754	
	WBX5	0.707	
2. 契约履行的严格性	YGX2		0.905
	YGX1		0.772
	YGX3		0.772
Cronbach's α 值		0.885	0.840
累计解释变异量(%)		72.655	
KMO 值		0.876	
Bartlett 的球体检验	近似卡方值	496.821	
	df	28	
	Sig.	0.000	

在限定特征值大于 1 的前提下提取的两个因子可以累积解释 72.655% 的变异量，高于所设定的 50% 的标准，且分量表的一致性系数值 Cronbach's α 分别为 0.885 和 0.840，均具有较高的信度。具体来讲，从旋转后的因子负荷矩阵来看，契约治理的 8 个测度题项均负载在 2 个提取因子上。第 1 个提取因子中，5 个题项的因子负荷量均大于 0.7，根据本书 3.2.2 节的理论分析将其命名为契约的完备性。第 2 个提取因子中，3 个题项的因子负荷量

也均大于0.7,根据本书3.2.2节的理论分析将其命名为契约履行的严格性。因此对变量契约治理进行因子分析可以提取两个主成分因子:契约的完备性维度和契约履行的严格性维度,说明前文理论分析中对契约治理变量应从契约的完备性和契约履行的严格性两个维度进行讨论是较为合适的。但契约治理分量表是否具备很高的建构效度,还需进行进一步的验证性因子分析。

(3)对关系治理的探索性因子分析

本书通过SPSS 20.0软件对关系治理的9个题项进行因子分析,表6-24显示了旋转后的因子提取结果。首先,KMO值为0.872,Bartlett球体检验的近似卡方值为593.681,自由度为36,卡方统计值的显著性水平为0.000,表明各指标之间具有较高的相关性,数据适合进行因子分析。

在限定特征值大于1的前提下提取的3个因子可以累积解释78.903%的变异量,高于所设定的50%的标准,且分量表的一致性系数值Cronbach's α分别为0.892、0.871和0.765,均具有较高的信度。具体来讲,从旋转后的因子负荷矩阵来看,关系治理的9个测度题项均负载在3个提取因子上。第1个提取因子中,3个题项的因子负荷量均大于0.5,根据本书3.2.2节的理论分析将其命名为信任与关系维护;第2个提取因子中,3个题项的因子负荷量也均大于0.5,根据本书3.2.2节的理论分析将其命名为共同解决问题;第3个提取因子中,3个题项的因子负荷量也均大于0.5,根据本书3.2.2节的理论分析将其命名为信息沟通与交流。因此对变量关系治理进行因子分析可以提取的3个主成分因子:信任与关系维护、共同解决问题和信息沟通与交流,说明前文理论分析中对关系治理变量应从信任与关系维护、共同解决问题和信息沟通与交流三个维度进行讨论是较为合适的。但关系治理分量表是否具备很高的建构效度,还需进行进一步的验证性因子分析。

表 6-24　旋转后的关系治理变量因子提取结果

新因子名称	题项	1	2	3
1. 信任与关系维护	XRWH2	0.872		
	XRWH1	0.832		
	XRWH3	0.805		
2. 共同解决问题	GTJJ3		0.870	
	GTJJ2		0.777	
	GTJJ1		0.543	
3. 信息沟通与交流	GTJL2			0.905
	GTJL1			0.752
	GTJL3			0.641
Cronbach's α 值		0.892	0.871	0.765
累计解释变异量(%)			78.903	
KMO 值			0.872	
Bartlett 的球体检验	近似卡方值		593.681	
	df		36	
	Sig.		0.000	

(4)对合作绩效的探索性因子分析

通过 SPSS 20.0 软件对合作绩效的 5 个题项进行因子分析，表 6-25 显示了因子提取的结果。KMO 值为 0.804，Bartlett 球体检验的近似卡方值为 158.452，自由度为 10，卡方统计值的显著性水平为 0.000，小于 0.001，表明各指标之间具有较高的相关性，数据适合进行因子分析。

从合作绩效的因子负荷矩阵来看，5 个测度题项紧密地负载在 1 个因子上，解释变异量的比例为 56.678%，5 个题项的因子负荷量也均远高于 0.5 的标准值，可以认为合作绩效分量表具备较高的建构效度。

表 6-25 合作绩效变量因子提取结果

因子名称	题项	因子负荷量
合作绩效	JX4	0.784
	JX5	0.778
	JX2	0.766
	JX3	0.729
	JX1	0.704
累积解释变异量(%)		56.678
KMO 值		0.804
Bartlett 的球体检验	近似卡方值	158.452
	d*f*	10
	Sig.	0.000

(5)对环境动态性的探索性因子分析

通过 SPSS 20.0 软件对环境动态性的 3 个题项进行因子分析,表 6-26 中显示了因子提取的结果。KMO 值为 0.712,Bartlett 球体检验的近似卡方值为 104.067,自由度为 3,卡方统计值的显著性水平为 0.000,小于 0.001,表明各指标之间具有较高的相关性,数据适合进行因子分析。

表 6-26 环境动态性变量因子提取结果

因子名称	题项	因子负荷量
环境动态性	DTX1	0.865
	DTX2	0.845
	DTX3	0.841
累积解释变异量(%)		72.325
KMO 值		0.712
Bartlett 的球体检验	近似卡方值	104.067
	d*f*	3
	Sig.	0.000

从环境动态性的因子负荷矩阵来看,3 个测度题项紧密地负载在 1 个因子上,解释变异量的比例为 72.325%,3 个题项的因子负荷量也均远高于

0.5 的标准，可以认为环境动态性分量表具备很高的建构效度。

(6)对资产专用性的探索性因子分析

通过 SPSS 20.0 软件对资产专用性的 3 个题项进行因子分析，表 6-27 中显示了因子提取的结果。KMO 值为 0.674，Bartlett 球体检验的近似卡方值为 58.871，自由度为 3，卡方统计值的显著性水平为 0.000，小于 0.001，表明各指标之间具有较高的相关性，数据适合进行因子分析。

从资产专用性的因子负荷矩阵来看，3 个测度题项紧密地负载在 1 个因子上，解释变异量的比例为 63.379%，3 个题项的因子负荷量也均远高于 0.5 的标准，可以认为资产专用性分量表具备较高的建构效度。

表 6-27　资产专用性变量因子提取结果

因子名称	题项	因子负荷量
资产专用性	ZYX3	0.813
	ZYX2	0.798
	ZYX1	0.777
累积解释变异量(%)		63.379
KMO 值		0.674
Bartlett 的球体检验	近似卡方值	58.871
	df	3
	Sig.	0.000

(7)对知识转移的探索性因子分析

通过 SPSS 20.0 软件对知识转移的 4 个题项进行因子分析，表 6-28 中显示了因子提取的结果。KMO 值为 0.768，Bartlett 球体检验的近似卡方值为 122.553，自由度为 6，卡方统计值的显著性水平为 0.000，小于 0.001，表明各指标之间具有较高的相关性，数据适合进行因子分析。

从知识转移的因子负荷矩阵来看，4 个测度题项紧密地负载在 1 个因子上，解释变异量的比例为 60.905%，4 个题项的因子负荷量也均远高于 0.5 的标准，可以认为知识转移分量表具备较高的建构效度。

表 6-28 知识转移变量因子提取结果

因子名称	题项	因子负荷量
知识转移	ZSZY2	0.847
	ZSZY1	0.839
	ZSZY3	0.744
	ZSZY4	0.679
累积解释变异量(%)		60.905
KMO 值		0.768
Bartlett 的球体检验	近似卡方值	122.553
	df	6
	Sig.	0.000

6.4.2.2 验证性因子分析

基于以上探索性因子分析的结果，本书还需要进一步对具有多因子结构的变量进行验证性因子分析，以检验多因子结构对建构变量的拟合效果。本节所考察的建构变量主要是指组织邻近性、契约治理和关系治理，而不包括合作绩效、环境动态性、资产专用性和知识转移，这是因为后面 4 个变量中只包含了 1 个因子，并且在前文的检验中其所包含的观测题项的因子负荷量均大于 0.5，均具有较好的建构效度。

在验证性因子分析中，对建构变量的拟合进行检验的指标较多，但仍未有一个单一的指数可以用来全面地反映模型的拟合优度。根据前人的研究经验，本书主要选用了以下几项常用的拟合指标来判断建构变量的拟合优度：CMIN/DF、SRMR、RMSEA、CFI、IFI、TLI。本书的验证性因子分析主要借助 SPSS AMOS 20.0 软件来进行，具体的判断标准如表 6-29 所示。

表 6-29　模型拟合指标判断标准

拟合指标		判断标准
绝对拟合度指标	CMIN/DF(卡方与自由度之比)	小于或等于 3,表示模型拟合度较好
	SRMR	小于或等于 0.08,表示模型拟合度较好
	RMSEA	小于或等于 0.10,表示模型拟合度较好
增值拟合度指标	CFI(相对拟合度指标)	大于或等于 0.90,表示模型拟合度较好
	IFI(增量拟合度指标)	大于或等于 0.90,表示模型拟合度较好
	TLI(Tucker-Lewis 指标)	大于或等于 0.90,表示模型拟合度较好

(1)组织邻近性变量的验证性因子分析

根据荣泰生(2009)的观点,可以根据模型的修正指数(modification indices)建议,在一些理论上具有相关关系的误差项之间建立相关关系。在现实中,若合作双方存在着特殊的关系历史(如一方从另一方中改制而来)或者曾经保持了较为长久的合作关系,一方面会在很大程度上影响到组织间渠道资源拥有量的相近程度(关系网络资源);另一方面也会影响到跨组织个体成员(特别是中高层管理者)间的联系紧密度问题,故相应地,可以在误差项 e10 与 e2、e9 之间建立起相关关系。在此基础上表 6-30 和表 6-31 分别显示了组织邻近性分量表的模型拟合指标和验证性因子分析的结果。根据表 6-30 可以看出,模型卡方与自由度之比为 2.077,SRMR 值为 0.056,RMSEA 值为 0.100,CFI 值为 0.943,IFI 值为 0.945,TLI 值为 0.921,均达到了表 6-29 所列的判断标准。因此从总体上来讲,可以认为组织邻近性变量的建构具有较好的拟合度。

表 6-30　组织邻近性模型拟合指标

CMIN/DF	SRMR	RMSEA	CFI	IFI	TLI
2.077	0.056	0.100	0.943	0.945	0.921

从因子负荷量的角度来看，表 6-31 显示了组织邻近性 10 个测度题项在组织邻近性变量两个因子上的整体负荷情况。各个测度题项在相应因子上的负荷量都大于了 0.5。此外属性逻辑维度和认知逻辑维度间的相关系数为 0.817，在 $P<0.001$ 水平上显著相关。综上所述，组织邻近性这一建构变量具有良好的建构效度。图 6-1 则直观反映了组织邻近性变量验证性因子分析的路径结果。

表 6-31　组织邻近性变量的验证性因子分析

路径关系	标准化因子负荷量	C. R.	P
JG1	0.816	—	—
ZY4	0.647	6.905	***
ZY3	0.631	6.669	***
ZY2	0.779	8.593	***
ZY1	0.661	7.047	***
RZ3	0.785	—	—
RZ2	0.779	8.382	***
RZ1	0.785	8.463	***
GX2	0.767	8.172	***
GX1	0.772	8.254	***

注：$P<0.001$，用 *** 表示。

(2)契约治理变量的验证性因子分析

根据荣泰生(2009)的观点，可以根据模型的修正指数建议，在一些理论上具有相关关系的误差项之间建立相关关系。在现实中，若契约中明确规定了相应的风险应对措施(包括合同中止、契约变更、违约处理、合作冲突解决等)，会在很大程度上让双方的违约成本变得很高，故相应地，应该在误差项 $e1$ 与 $e6$ 之间建立起相关关系。在此基础上表 6-32 和表 6-33 分别显示了契约治理分量表的模型拟合指标和验证性因子分析的结果。从表 6-32 可以看出，模型卡方与自由度之比为 1.835，SRMR 值为 0.045，RMSEA 值为 0.088，CFI 值为 0.968，IFI 值为 0.970，TLI 值为 0.952，均达到了表 6-29 所列的判断标准。故从总体上来讲，可以认为契约治理变量的建构具有较好

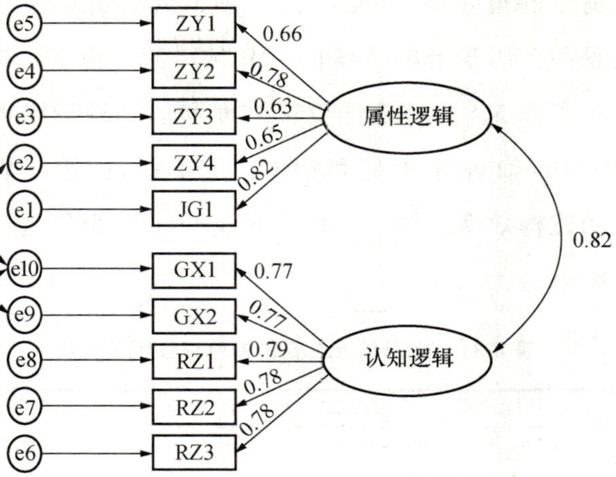

图 6-1　组织邻近性因子模型图

的拟合度。

表 6-32　契约治理模型拟合指标

CMIN/DF	SRMR	RMSEA	CFI	IFI	TLI
1.835	0.045	0.088	0.968	0.970	0.952

从因子负荷量的角度来看，表 6-33 显示了契约治理 8 个测度题项在契约治理变量两个因子上的整体负荷情况。

表 6-33　契约治理变量的验证性因子分析

路径关系	标准化因子负荷量	C. R.	*P*
WBX5	0.787	—	—
WBX4	0.710	7.647	***
WBX3	0.828	9.197	***
WBX2	0.814	9.009	***
WBX1	0.765	8.352	***
YGX3	0.839	—	—
YGX2	0.793	8.615	***
YGX1	0.745	8.065	***

注：$P<0.001$，用 *** 表示。

可以看出各个测度题项在相应因子上的负荷量都大于了 0.5。此外契约完备性和契约履行严格性两维度间的相关系数为 0.752，在 $P<0.001$ 水平上显著相关。综上所述，契约治理这一建构变量具有良好的建构效度。图 6-2 则直观反映了契约治理变量验证性因子分析的路径结果。

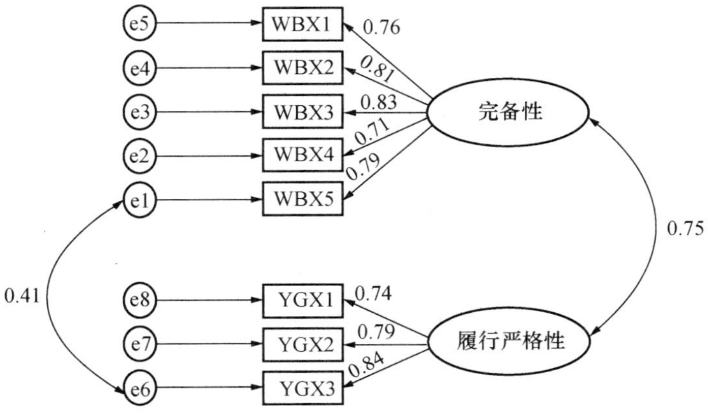

图 6-2 契约治理因子模型图

(3)关系治理变量的验证性因子分析

表 6-34 和表 6-35 分别显示了契约治理分量表的模型拟合指标和验证性因子分析的结果。根据表 6-34 可以看出，模型卡方与自由度之比为 2.193，SRMR 值为 0.056，RMSEA 值为 0.100，CFI 值为 0.951，IFI 值为 0.952，TLI 值为 0.926，均达到了表 6-29 所列的判断标准。因此从总体上来将，关系治理这一变量的建构具有较好的拟合度。

表 6-34 关系治理模型拟合指标

CMIN/DF	SRMR	RMSEA	CFI	IFI	TLI
2.193	0.056	0.100	0.951	0.952	0.926

从因子负荷量的角度来看，表 6-35 显示了关系治理 9 个测度题项在关系治理变量 3 个因子上的整体负荷情况。各个测度题项在相应因子上的负

表 6-35　关系治理变量的验证性因子分析

路径关系	标准化因子负荷量	C. R.	P
XRWH3	0.851	—	—
XRWH2	0.844	10.640	***
XRWH1	0.875	11.188	***
GTJJ3	0.840	—	—
GTJJ2	0.829	10.009	***
GTJJ1	0.830	10.027	***
GTJL3	0.786	—	—
GTJL2	0.648	6.068	***
GTJL1	0.731	6.716	***

注：$P<0.001$，用 *** 表示。

荷量均大于 0.5。此外，信任与关系维护和共同解决问题维度间的相关系数为 0.832，在 $P<0.001$ 水平上显著相关；信任与关系维护和信息沟通与交流维度间的相关系数为 0.624，在 $P<0.001$ 水平上显著相关；共同解决问题与信息沟通与交流维度间的相关系数为 0.735，在 $P<0.001$ 水平上显著相关。综上，关系治理这一建构变量具有良好的建构效度。图 6-3 则直观反映了关系治理变量验证性因子分析的路径结果。

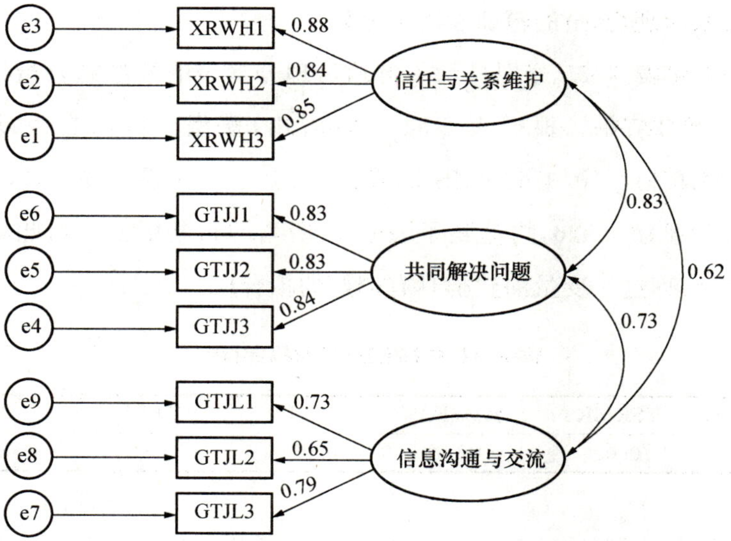

图 6-3　关系治理因子模型图

6.5 相关性分析

在进行下一步的回归假设检验之前，还需要进行变量之间的相关性分析(一些研究将相关性分析纳入效标关联效度检验之中)。简单来说相关性分析是分析变量之间关系密切程度的一种数据分析方法。变量间的关系密切程度通常用Pearson相关系数来衡量。本书借助SPSS 20.0软件检验了组织邻近性、契约治理的契约完备性和契约履行的严格性两个维度、关系治理的信任与关系维护、共同解决问题和信息沟通与共享三个维度、环境动态性、资产专用性、知识转移、合作绩效等核心建构变量以及一些样本特征指标之间的相关性情况，具体的Pearson相关系数见表6-36。

一般来讲，进行回归分析的重要前提是研究中所涉及的核心变量之间存在着较为显著的相关关系。因此根据表6-36中所展示的变量两两之间的相关性结果，从组织邻近性对契约治理机制和关系治理机制的影响来看，组织邻近性与契约治理的契约完备性维度有着显著的相关关系；组织邻近性与关系治理的信任与关系维护维度、共同解决问题维度和信息沟通与交流维度也均存在着显著的相关关系。从契约治理机制和关系治理机制对合作绩效的影响来看，契约治理的两个维度——契约完备性维度和契约履行严格性维度均与知识转移和合作绩效有显著的相关关系；关系治理的三个维度——信任与关系维护维度、共同解决问题维度和信息沟通与交流维度也均与知识转移和合作绩效有显著的相关关系；知识转移与合作绩效间也存在着显著的相关关系。这些结果初步表明了本书主要假设推演的合理性，并为下一步的假设检验提供了初步依据。然而以上的相关性分析仅仅证明了双变量相互间具有相关性，具体的因果关系和影响程度等还需要在一定的关系框架下展开进一步的回归分析等。

表 6-36　各变量间 Pearson 相关系数矩阵

	1	2	3	4	5	6	7	8	9	10	11	12	13	14	均值
1. 合作技术类型	1														—
2. 地理距离	0.136	1													—
3. 产业类型	−0.103	−0.059	1												—
4. 建立合作关系时长	0.309**	0.248**	0.003	1											3.200
5. 组织邻近性	0.210*	0.213*	0.271**	0.265**	1										3.307
6. 契约的完备性	0.096	0.423**	0.106	0.197*	0.595**	1									3.509
7. 契约履行的严格性	0.111	0.327**	−0.065	0.064	0.155	0.647**	1								3.145
8. 信任与关系维护	0.039	0.269**	0.154	0.238*	0.590**	0.586**	0.213*	1							3.917
9. 共同解决问题	0.057	0.210*	0.334**	0.206*	0.501**	0.505**	0.319**	0.734**	1						3.963
10. 信息沟通与交流	0.019	0.114	0.214*	0.154	0.607**	0.294**	0.046	0.481**	0.557**	1					3.608
11. 环境动态性	−0.073	0.092	0.428**	−0.165*	0.587**	0.286**	−0.076	0.291**	0.258**	0.449**	1				2.951
12. 资产专用性	0.029	0.182*	0.239**	0.076	0.685**	0.559**	0.186*	0.638**	0.545**	0.518**	0.528**	1			3.583
13. 知识转移	−0.006	0.090	0.156	−0.005	0.513**	0.470**	0.328**	0.564**	0.607**	0.500**	0.447**	0.595**	1		3.729
14. 合作绩效	0.049	0.337**	0.245**	0.113	0.592**	0.599**	0.303**	0.629**	0.651**	0.586**	0.422**	0.576**	0.677**	1	4.172

注：* * 表示在 0.01 水平上(单侧)显著相关；* 表示在 0.05 水平上(单侧)显著相关；N=108。

6.6 组织邻近性对合作治理机制影响的假设检验

围绕着组织邻近性对契约治理机制和关系治理机制影响的相关理论假设,本节一方面主要检验组织邻近性对契约治理机制和关系治理机制的直接影响作用,另一方面则主要验证环境动态性、资产专用性在组织邻近性与关系治理之间所起到的调节作用。

6.6.1 组织邻近性对合作治理机制直接影响的假设检验

6.6.1.1 组织邻近性对契约治理机制直接影响的假设检验

为进一步验证组织邻近性对契约治理机制影响的相关假设,本书主要借助 SPSS 20.0 软件利用多元回归分析的方法进行实证研究。根据前文的理论分析,虽然本书研究的重心在于探究基于组织间关系属性层面的要素——组织邻近性对于两大合作治理机制的影响,并认为组织间交易属性层面的要素——环境动态性和资产专用性主要在组织邻近性和关系治理间起调节作用,但是基于交易成本理论,学界有关环境动态性、资产专用性对契约治理的直接影响效用结论大多一致:合作中资产专用性投入程度与组织间的契约治理水平呈显著正相关关系;合作外部环境的动态变化程度则与组织间的契约治理水平呈显著负相关关系。因此,本书在考虑合作农业推广中组织邻近性对契约治理机制的直接影响时,也需要将组织间交易属性层面的这两大要素考虑在内,观察该结论是否在合作农业推广领域适用。

在进行多元回归分析之前,首先需要对变量的多重共线性进行检验。

根据吴明隆(2010)的建议,多重共线性问题主要通过容忍度(tolerance)和方差膨胀因子(variance inflation factor,VIF)两大指标来判断,当容忍度大于0.1及方差膨胀因子小于10时,便可以认为各变量之间基本上不存在多重共线性。模型运行结果显示:各变量的容忍度均在0.408～0.981浮动,相应地方差膨胀因子VIF值也在2.448与1.019的区间范围内,均符合容忍度大于0.1且方差膨胀因子VIF值小于10的标准,故可以认为诸多解释变量之间并不存在多重共线性问题。

在控制了合作主体间的地理距离以及合作技术类型后得出了回归结果(表6-37)。模型1和模型3分别分析了作为控制变量的合作主体间地理距离和合作技术类型对契约完备性维度和契约履行的严格性维度的影响;模型2和模型4则分别分析了组织邻近性以及环境动态性、资产专用性变量对契约治理机制中契约完备性维度和契约履行的严格性维度的影响。

表6-37　组织邻近性对契约治理机制影响的回归分析结果

变量	契约的完备性	契约的完备性	契约履行的严格性	契约履行的严格性
	模型1	模型2	模型3	模型4
控制变量				
合作技术类型	0.1	−0.152	0.189	0.064
地理距离	0.778***	0.558***	0.607***	0.552***
主变量				
资产专用性		0.337***		0.240
环境动态性		−0.132*		−0.238**
组织邻近性		0.447***		0.116
F值	11.558***	20.251***	6.592***	4.243***
R^2	0.180	0.498	0.112	0.172
调整后的R^2	0.165	0.474	0.095	0.132

注:$P<0.1$,用*表示;$P<0.05$,用**表示;$P<0.01$,用***表示。

根据表6-37回归分析结果,模型1和模型3反映了作为控制变量的合作主体间地理距离对于契约治理机制有显著的正向影响,即合作主体间的地理距离相距越远，组织彼此间的契约完备性程度越高，契约在履行时也越严格。

而根据模型2和模型4的运行结果可以发现，当合作推广中环境动态变化程度较高时，组织彼此间的契约完备性程度越低，且契约履行的严格性程度也越低，即环境动态性与组织彼此间的契约治理水平有显著的负相关关系。当合作推广中专用性资产投入越多时，组织彼此间的契约完备性程度也越高，虽然对契约履行的严格性有正向的影响作用，但统计并未显著，即资产专用性与组织彼此间契约治理水平的正相关关系得到了部分支持。因此可以认为，在合作农业推广领域，学界普遍认可的以上两个主要结论也得到了进一步的验证。

最后，从模型2的运行结果可知，组织邻近性的 β 系数值为0.447，在 $P<0.01$ 的水平下显著相关，即组织邻近性对契约的完备性维度有直接显著的正向影响，故假设H1a得到支持。而从模型4的运行结果可知，组织邻近性的 β 系数值为0.116，虽然其对契约履行的严格性维度也有正向影响，但统计意义并不显著，因而假设H1b并未得到支持。

6.6.1.2 组织邻近性对关系治理机制直接影响的假设检验

为进一步验证组织邻近性对关系治理机制影响的相关假设，本书主要借助SPSS 20.0软件利用多元回归分析的方法进行实证研究。根据前文的理论分析，本书的研究重心在于探究基于组织间关系属性层面的要素——组织邻近性对于两大合作治理机制的影响，并认为组织间交易属性层面的要素——环境动态性和资产专用性主要在组织邻近性和关系治理间起调节作用，即本书认为环境动态性和资产专用性与关系治理间在理论上并不存在特定的直接因果关系，故在考虑多元合作农业推广中组织邻近性对关系治理机制的直接影响时，不再将组织间交易属性层面的这两大要素考虑在内。

在进行多元回归分析之前，首先需要对变量的多重共线性进行检验。运行结果显示：各变量的容忍度均在0.921～0.981浮动，相应的方差膨胀因子VIF值也在1.085～1.019，均符合容忍度大于0.1且方差膨胀因子VIF值小于10的标准，故可以认为各变量之间并不存在多重共线性问题。

在控制了合作主体间的地理距离以及合作技术类型后得出了回归结果（表6-38）。模型1、模型2和模型3分别分析了作为控制变量的合作主体间地理距离和合作技术类型对信任与关系维护维度（表中简称XRWH，下文同）、共同解决问题维度（表中简称GTJJ，下文同）和信息沟通与交流维度（表中简称GTJL，下文同）的影响；模型4、模型5和模型6则分别分析了组织邻近性变量对关系治理机制中信任与关系维护维度、共同解决问题维度和信息沟通与交流维度的影响。

表6-38　组织邻近性对关系治理机制影响的回归分析结果

变量	XRWH	GTJJ	GTJL	XRWH	GTJJ	GTJL
	模型1	模型2	模型3	模型4	模型5	模型6
控制变量						
合作技术类型	0.006	0.075	0.010	−0.289	−0.156	−0.277
地理距离	0.510***	0.361**	0.191	0.304**	0.200	−0.009
主变量						
组织邻近性				0.605***	0.474***	0.588***
F值	4.095**	2.471*	0.689	21.215***	12.548***	21.326***
R^2	0.072	0.045	0.013	0.380	0.266	0.381
调整后的R^2	0.055	0.027	−0.006	0.362	0.245	0.363

注：$P<0.1$，用*表示；$P<0.05$，用**表示；$P<0.01$，用***表示。

根据表6-38回归分析结果，模型1和模型2反映了作为控制变量的合作主体间地理距离对信任与关系维护维度、共同解决问题维度有显著的正向影响，即合作主体间的地理距离相距越远，组织彼此间合作信任度、互惠以及包容程度越高，实现共同解决问题的程度越高。

最后，从模型4的运行结果可知，组织邻近性的β系数值为0.605，在$P<0.01$的水平下显著相关，即组织邻近性对信任与关系维护维度有直接显著的正向影响，故假设H2a得到支持。从模型5的运行结果可知，组织邻近性的β系数值为0.474，在$P<0.01$的水平下显著相关，即组织邻近性对共同解决问题维度有直接显著的正向影响，故假设H2b得到支持。从模型6的运行结果可知，组织邻近性的β系数值为0.447，在$P<0.01$的水平下显著相关，即组织邻近性对信息沟通与交流维度有直接显著的正向影响，故假设H2c得到支持。

6.6.2 调节效应检验

6.6.2.1 调节效应分析的原理

调节变量表现出的最本质特征是它与其他一些变量的交互作用。在回归方程中表现为一个交互项，其所要解释的是自变量在何种条件下会影响因变量。也就是说，当自变量与因变量的相关大小或正负方向受到其他因素影响时，这个其他因素就是该自变量与因变量之间的调节变量(卢谢峰等，2007)，简单示意见图6-4。不同的变量运用的调节效应分析方法存在差异。当自变量和调节变量都是连续变量时，用带有乘积项的回归模型做层次回归分析即可。调节效应显著的具体判定方法主要有两种：第一种是对交互乘积项的回归系数进行检验，若显著，则调节效应显著。第二种则是观察测定系数R^2的值。首先做因变量对自变量和调节变量的回归，得到测定系数R_1^2，然后做因变量对自变量、调节变量以及交互项的回归，得到测定系数R_2^2，若R_2^2明显高于R_1^2，则调节效应显著(温忠麟等，2005)。

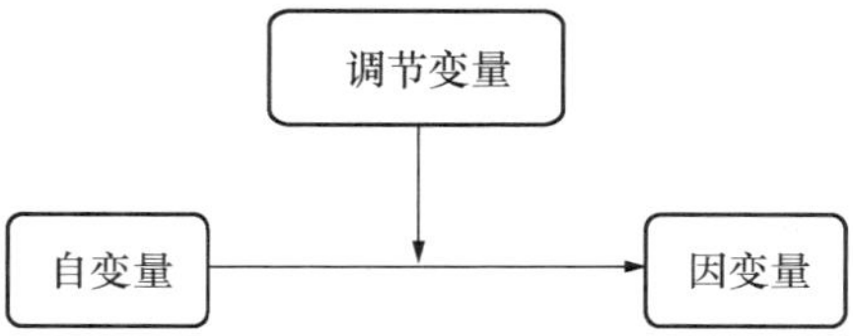

图6-4 调节效应示意图

6.6.2.2 环境动态性在组织邻近性与关系治理间的调节效应检验

本书借助 SPSS 20.0 软件，主要采用层次回归的方法来分析环境动态性在组织邻近性与关系治理中所起到的调节效应。为了避免回归分析中出现多重共线性问题，本书预先对相关变量进行了中心化处理，此外还引入了合作主体间的地理距离和合作技术类型作为控制变量，以更加准确地评估变量之间的相互关系。

进行层次回归分析之前，本书首先检验了各变量之间的共线性问题。运行结果显示，各变量的 VIF 值均为 1.058～1.763，其相应的容忍度也在 0.946～0.567 的区间范围内浮动，故可以认为各变量之间不存在多重共线性，可以进行下一步的分析。在采用强迫进入法的基础上，具体的操作步骤一般如下：首先第一步，将控制变量引入到回归模型之中；第二步，在回归方程中加入自变量；第三步，在回归方程中加入调节变量；第四步，引入表征调节作用的交互项。由于表 6-38 已展示了作为控制变量的合作主体间地理距离和合作技术类型对关系治理三大维度直接影响的模型运行结果以及作为自变量的组织邻近性对关系治理三大维度直接影响的模型运行结果，因此表 6-39 中仅列出上述方法中所阐述的至第三步后和第四步后的运行结果。

结合上述调节效应分析原理，根据表 6-39 的回归结果，模型 4 主要是对环境动态性在组织邻近性与关系治理的信任与关系维护维度之间的调节效应进行检验，回归结果显示交互项系数 OP×DE 的 β 系数值为 0.217，在 $P<0.05$ 的水平条件下显著，同时对比模型 1 和模型 4，可以发现模型 4 中调整后的 R^2 值比模型 1 中调整后的 R^2 值增加了 0.019，因此可以判定环境动态性在组织邻近性与关系治理的信任与关系维护维度之间起到显著的正向调节作用，即当合作推广项目所面临的环境动态性程度较高时，组织邻近性对组织彼此间合作信任度、互惠以及包容程度的正向影响作用得到一定的强化，故假设 H3a 得到支持。

表 6-39　环境动态性调节效应回归分析结果

变量	XRWH	GTJJ	GTJL	XRWH	GTJJ	GTJL
	模型 1	模型 2	模型 3	模型 4	模型 5	模型 6
控制变量						
合作技术类型	−0.354	−0.194	0.010	−0.219	−0.148	−0.277
地理距离	0.301**	0.198	−0.006	0.320**	0.215	−0.009
自变量						
组织邻近性 OP	0.680***	0.518***	0.520***	0.677***	0.515***	0.521***
调节变量						
环境动态性 DE	−0.099	−0.058	0.089	−0.150*	−0.101	0.095
交互项						
OP×DE				0.217**	0.184*	−0.027
F 值	16.298***	9.473***	16.390***	14.310***	8.320***	13.011***
R^2	0.388	0.269	0.389	0.412	0.290	0.389
调整后的 R^2	0.364	0.241	0.365	0.383	0.255	0.359

注：$P<0.1$，用*表示；$P<0.05$，用**表示；$P<0.01$，用***表示。

模型 5 主要是对环境动态性在组织邻近性与关系治理的共同解决问题维度之间的调节效应进行检验，回归结果显示交互项系数 OP×DE 的 β 系数值为 0.184，在 $P<0.1$ 的水平条件下显著，同时对比模型 2 和模型 5，可以发现模型 5 中调整后的 R^2 值比模型 2 中调整后的 R^2 值增加了 0.014，因此可以判定环境动态性在组织邻近性与关系治理的共同解决问题维度之间起到显著的正向调节作用，即当合作推广项目所面临的环境动态性程度较高时，组织邻近性对关系治理中共同解决问题维度的正向影响作用得到一定的强化，故假设 H3b 得到支持。

而模型 6 主要是对环境动态性在组织邻近性与关系治理的信息沟通与交流维度之间的调节效应进行检验，回归结果显示交互项系数 OP×DE 的 β 系数值为 −0.027，统计性并不显著，同时对比模型 3 和模型 6，可以发现模型 6 中调整后的 R^2 值比模型 3 中调整后的 R^2 值反而有所下降，因此可以判定环境动态性在组织邻近性与关系治理的信息沟通与交流维度之间并没有起到显著的调节作用，故假设 H3c 没有得到支持。由于关系治理这一建构变量中超过半数的子维度通过环境动态性的调节效应检验，可以认为该变量整体检验通过(用关系治理整体来做因变量检验也通过)，即环境动态性在组织邻近性与关系治理机制之间起正向的调节作用。

6.6.2.3　资产专用性在组织邻近性与关系治理间的调节效应检验

与上文类似，本节仍借助 SPSS 20.0 软件，主要采用层次回归的方法来分析资产专用性在组织邻近性与关系治理中所起到的调节效应。为了避免回归分析中出现多重共线性问题，本书预先对于相关变量进行了中心化处理，此外还引入了合作主体间的地理距离和合作技术类型作为控制变量，以更加准确地评估变量之间的相互关系。

进行层次回归分析之前，本书首先检验了各变量之间的共线性问题。运行结果显示，各变量的 VIF 值均在 1.062～2.203，其相应的容忍度也在 0.942～0.454 的区间范围内浮动，符合容忍度大于 0.1 及方差膨胀因子小于 10 的标准，故可以认为各变量之间不存在多重共线性，可以进行下一步的分析。在采用强迫进入法的基础上，由于表 6-38 已展示了作为控制变量的合作主体间地理距离和合作技术类型对关系治理三大维度影响的模型运行结果以及组织邻近性对关系治理三大维度影响的模型运行结果，因此表 6-40 中仅列出上文列举方法中所阐述的至第三步后和第四步后的运行结果。

根据表 6-40 的回归结果，模型 4 主要是对资产专用性在组织邻近性与关系治理的信任与关系维护维度间的调节效应进行检验，回归结果显示交互项系数 OP×AS 的 β 系数值为 −0.516，在 $P<0.01$ 的水平条件下显著，同时对比模型 1 和模型 4，可以发现模型 4 中调整后的 R^2 值比模型 1 中调整后的 R^2 值增加了 0.061，因此可以判定资产专用性在组织邻近性与关系

表 6-40 资产专用性调节效应回归分析结果

变量	XRWH	GTJJ	GTJL	XRWH	GTJJ	GTJL
	模型 1	模型 2	模型 3	模型 4	模型 5	模型 6
控制变量						
合作技术类型	−0.144	−0.038	−0.223	−0.273	−0.148	−0.277
地理距离	0.264*	0.168	−0.024	0.253*	0.158	−0.009
自变量						
组织邻近性 OP	0.296***	0.223**	0.475***	0.297***	0.224***	0.475***
调节变量						
资产专用性 AS	0.499***	0.405***	0.183*	0.650***	0.534***	0.242**
交互项						
OP×AS				−0.516***	−0.440***	−0.203
F 值	22.909***	13.044***	16.912***	23.351***	13.023***	14.103***
R^2	0.471	0.336	0.396	0.534	0.390	0.409
调整后的 R^2	0.450	0.310	0.373	0.511	0.360	0.380

注：$P<0.1$，用 * 表示；$P<0.05$，用 ** 表示；$P<0.01$，用 *** 表示。

治理的信任与关系维护维度间起到显著的负向调节作用，即当合作推广项目中专用性资产投入水平较低时，组织邻近性对组织彼此间合作信任度、互惠以及包容程度的正向影响程度才得到一定的强化，故假设 H4a 得到支持。

模型 5 主要是对资产专用性在组织邻近性与关系治理的共同解决问题维度之间的调节效应进行检验，回归结果显示交互项系数 OP×AS 的 β 系数值为−0.440，在 $P<0.01$ 的水平条件下显著，同时对比模型 2 和模型 5，可以发现模型 5 中调整后的 R^2 值比模型 2 中调整后的 R^2 值增加了 0.050，因此可以判定资产专用性在组织邻近性与关系治理的共同解决问题维度之间起到显著的负向调节作用，即当合作推广项目中专用性资产投入水平较低时，组织邻近性对关系治理中共同解决问题维度的正向影响作用才能得到一定的强化，故假设 H4b 得到支持。

而模型 6 主要是对资产专用性在组织邻近性与关系治理的信息沟通与

交流维度之间的调节效应进行检验，回归结果显示交互项系数 OP×AS 的 β 系数值为−0.203，统计性并不显著，同时对比模型 3 和模型 6，可以发现模型 6 中调整后的 R^2 值比模型 3 中调整后的 R^2 值仅增加了 0.007，因此可以判定资产专用性在组织邻近性与关系治理的信息沟通与交流维度之间并没有起到显著的调节作用，故假设 H4c 没有得到支持。由于关系治理这一建构变量中超过半数的子维度通过资产专用性的调节效应检验，可以认为该变量整体检验通过(用关系治理整体来做因变量检验也通过)，即资产专用性在组织邻近性与关系治理机制之间起正向的调节作用。

6.7 合作治理机制对合作绩效影响的假设检验及中介模型的构建

围绕着契约治理机制和关系治理机制对合作绩效影响的相关理论假设进行检验，本节第一部分主要检验契约治理机制和关系治理机制对合作绩效的直接影响作用，第二部分主要检验知识转移在两种合作治理机制与合作绩效之间所起到的中介效应，第三部分则主要利用结构方程建模的方式构建起中介模型，并对模型的拟合情况进行检验。

6.7.1 合作治理机制对合作绩效直接影响的假设检验

为进一步验证契约治理机制和关系治理机制对合作绩效的直接影响，本书主要借助 SPSS 20.0 软件利用多元回归分析的方法进行实证研究。进行多元回归分析之前，本书首先检验了各变量之间的共线性问题。运行结果显示：各变量的 VIF 值均在 1.019～2.851，其相应的容忍度也在 0.981～

0.351 的区间范围内浮动，符合前文所参照的容忍度大于 0.1 及方差膨胀因子小于 10 的标准，故可以认为各变量之间不存在多重共线性，可以进行下一步的分析。

在控制了合作主体间的地理距离以及合作技术类型后得出了回归结果(表 6-41)。模型 1 分析了作为控制变量的合作主体间地理距离和合作技术类型对合作绩效的影响；模型 2 和模型 3 分别分析了不同合作治理机制对合作绩效的影响；模型 4 则分析了同时考虑两种合作治理机制时对合作绩效的影响；模型 5 则分析了两种合作治理机制同时发挥作用时各具体维度对合作绩效的直接影响。

表 6-41 合作治理机制对合作绩效影响的回归分析结果

变量	合作绩效				
	模型 1	模型 2	模型 3	模型 4	模型 5
控制变量					
合作技术类型	0.006	−0.043	−0.011	−0.030	−0.027
地理距离	0.434***	0.179	0.227**	0.142	0.141
主变量					
契约治理		0.358***		0.153***	
关系治理			0.584***	0.517***	
契约的完备性					0.217***
契约履行的严格性					−0.032
信任与关系维护					0.071
共同解决问题					0.179**
信息沟通与交流					0.228***
F 值	6.733***	14.802***	44.251***	36.873***	22.170***
R^2	0.114	0.299	0.561	0.589	0.608
调整后的 R^2	0.097	0.279	0.548	0.573	0.581

注：$P<0.1$，用 * 表示；$P<0.05$，用 ** 表示；$P<0.01$，用 *** 表示。

从模型 1 的回归结果可以看出，作为控制变量的地理距离对农业推广的合作绩效有显著的正向影响。由于在本书的调查样本中，合作主体处于同省同市(枣庄市)的有89个,占到样本总数的82.4%,可以认为组织间的地理距离过近,也就是合作主体间的地理邻近程度过高,反而会对最终的合作绩效产生显著的负向影响。

从模型2的回归结果可以看出契约治理的β系数值为0.358,在$P<0.01$的水平下显著相关,同时从模型3的回归结果可以看出关系治理的β系数值为0.584,在$P<0.01$的水平下显著相关,故可以认为契约治理机制和关系治理机制均可以对最终的推广合作绩效有显著的正向促进作用。在模型2、3的基础上观察模型4,可以看出当综合考虑两种合作治理机制时,契约治理的β系数值为0.153,在$P<0.01$的水平下显著相关,关系治理的β系数值为0.517,在$P<0.01$的水平下也显著相关,但是契约治理机制所发挥的作用显著下降了(β系数值由模型2的0.358下降到模型4的0.153)。这也就是说考虑到现实中一般两种合作治理机制共同发挥作用,模型运行结果表明无论是契约治理机制还是关系治理机制均对最终的推广合作绩效有显著的正向促进作用,但是关系治理机制对契约治理机制有着很明显的替代作用(在只考虑两种合作治理机制联合对合作绩效产生直接作用的前提下)。此外,从模型4中还可以看出综合考虑两种合作治理机制对合作绩效的影响时,虽然两者均有显著的正向作用,但是关系治理的β系数值远高于契约治理的β系数值,也就是说关系治理机制相比于契约治理,对合作绩效的正向影响更强。综上分析,假设H5、H6和H7均得到支持和验证。

模型5则主要是检验了契约治理机制和关系治理机制的具体各维度对合作绩效的影响。具体来看,契约治理机制中的契约完备性维度β系数值为0.217,在$P<0.01$的水平下显著相关,可以认为组织彼此间所制定契约的完备性程度越高,越有利于最终合作绩效的提升,即假设H5a得到支持;而契约治理机制中的契约履行有效性维度β系数值为-0.032,反映出在合作推广项目实施中,契约履行得越严格反而在一定程度上会降低最终的合

作绩效，但统计意义并不显著，故假设 H5b 没有得到支持。关系治理机制中的信任与关系维护维度 β 系数值为 0.071，虽然组织彼此间的信任度和合作互惠与包容行为对合作绩效有正向影响，但统计意义并不显著，故假设 H6a 没有得到支持；关系治理机制中的共同解决问题维度 β 系数值为 0.179，在 $P<0.05$ 的水平下显著相关，可以认为组织间实现共同解决问题的程度越高，越有利于最终合作绩效的提升，即假设 H6b 得到支持；关系治理机制中的信息沟通与交流维度 β 系数值为 0.228，在 $P<0.01$ 的水平下显著相关，可以认为组织彼此间信息沟通与交流得越多，越有利于最终合作绩效的提升，即假设 H6c 得到支持。

6.7.2 知识转移的中介效应检验

6.7.2.1 中介效应分析的原理

研究中介效应的目的是在已知自变量和因变量之间关系的基础上来探索这个关系内部所存在的作用机制。中介变量是由自变量引起的，并引起了因变量的变化，具体来讲，如果变量 X 通过影响变量 M 来影响 Y，则称 M 为中介变量。假设所有变量都已中心化（均值为零），可用图 6-5 描述变量之间的关系。

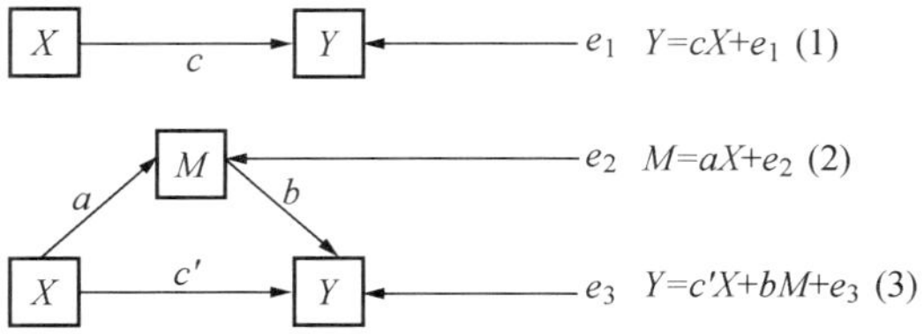

图 6-5 中介效应分析原理

本书主要采用了学界较为认可的 Baron & Kenny（1986）、温忠麟等（2005）所提出的中介效应分析方法：第一，要求自变量与因变量之间显著相关，如图 6-5 所示，Y 与 X 显著相关，回归系数 c 显著；第二，要同时满足自变

量 X 和中介变量 M 相关、中介变量 M 和因变量 Y 相关，即图 6-5 中的两个回归系数 a 和 b 显著。此时 M 便是 X 与 Y 之间的中介变量且中介效应显著。如果 c' 显著则为部分中介，如果 c' 不显著则为完全中介。其中 c 是 X 对 Y 的总效应，$a \times b$ 是中介效应的大小。若两个回归系数 a 和 b 至少有一个不显著，则应该进行进一步的 SOBEL 检验，若检验通过也可以说明中介效应显著。

6.7.2.2　中介效应检验

基于上述中介效应分析原理，为进一步探讨各变量间的关系并验证前文的相关假设，本书主要借助 SPSS 20.0 软件并利用层次回归分析的方法进行实证研究。在进行回归分析之前，首先对变量间是否存在多重共线性进行检验。运行结果显示：各变量的 VIF 值均在 1.009～1.910，其相应的容忍度也在 0.992～0.524 的区间范围内浮动，符合前文所参照的容忍度大于 0.1 及方差膨胀因子小于 10 的标准，故可以认为各变量之间不存在多重共线性，可以进行下一步的分析。

在控制了合作主体间的地理距离以及合作技术类型后得出了回归结果（表 6-42）。模型 1 分析了契约治理机制和关系治理机制共同发挥作用时对合作绩效的影响；模型 2 分析了知识转移对于合作绩效的影响；模型 3 则分析了契约治理机制和关系治理机制对知识转移的影响；而模型 4 分析了契约治理机制、关系治理机制以及知识转移同时发挥作用时对合作绩效的影响。

根据表 6-42，模型 2 主要是对知识转移与合作绩效之间的关系假设 H10 进行检验。从模型 2 的回归结果可以看出知识转移的 β 系数值为 0.573，在 $P<0.001$ 的水平下显著相关，故可以认为知识转移对多元农业推广组织间的合作绩效有直接显著的正向影响，即假设 H10 得到支持。

表 6-42　知识转移中介效应的回归分析结果

变　量	合作绩效	合作绩效	知识转移	合作绩效
	模型 1	模型 2	模型 3	模型 4
控制变量				
合作技术类型	−0.030	0.029	−0.086	−0.005
地理距离	0.142	0.356***	−0.216*	0.206**
主变量				
契约治理	0.153***		0.219***	0.088
关系治理	0.517***		0.551***	0.354***
知识转移		0.573***		0.296***
F 值	36.873***	39.935***	23.434***	37.563***
R^2	0.589	0.535	0.476	0.648
调整后的 R^2	0.573	0.522	0.456	0.631

注：$P<0.1$，用 * 表示；$P<0.05$，用 ** 表示；$P<0.01$，用 *** 表示。

模型 3 则主要是对契约治理机制和关系治理机制与知识转移之间的关系假设 H8a、H8b 以及 H9 进行检验。从模型 3 的回归结果可以看出契约治理机制的 β 系数值为 0.219，在 $P<0.01$ 的水平下显著相关，故可以认为契约治理机制对推广组织彼此间的知识转移有直接显著的正向影响，即假设 H8a 得到支持；关系治理机制的 β 系数值为 0.551，在 $P<0.01$ 的水平下显著相关，故可以认为关系治理机制对推广组织彼此间的知识转移有直接显著的正向影响，即假设 H8b 得到支持。此外，综合考虑两种合作治理机制对知识转移的影响时，关系治理机制的 β 系数值明显高于契约治理机制的 β 系数值，即关系治理机制相比于契约治理机制，更有利于促进组织彼此间的知识转移，即假设 H9 得到支持。

在这些直接假设验证过后，本书进一步地验证前文所提出的中介效应假设 H11a 和 H11b。从表 6-42 中的回归分析结果可以得到：契约治理机制与合作绩效间的回归系数为 0.153，在 $P<0.01$ 的水平上显著（模型 1），契约治理机制与知识转移间的回归系数为 0.219，在 $P<0.01$ 的水平上显著

(模型 3)。模型 4 在模型 1 的基础上加入知识转移变量后，知识转移与合作绩效之间的回归系数为 0.296，在 $P<0.01$ 的水平上显著，契约治理机制与合作绩效之间的回归系数降为 0.088，统计意义并不显著。因此，可以说明知识转移这一变量在契约治理机制与合作绩效之间起中介作用，而且为完全中介作用。其中中介效应的大小为 0.06，直接效应的大小为 0.09，故假设 H11a 得到了支持与验证。

类似地，关系治理机制与合作绩效间的回归系数为 0.517，在 $P<0.01$ 的水平上显著(模型 1)，关系治理机制与知识转移间的回归系数为 0.551，在 $P<0.01$ 的水平上显著(模型 3)。模型 4 在模型 1 的基础上加入知识转移变量后，知识转移与合作绩效之间的回归系数为 0.296，在 $P<0.01$ 的水平上显著，关系治理机制与合作绩效之间的回归系数降为 0.354，在 $P<0.01$ 的水平上显著。因此可以说明知识转移这一变量在关系治理机制与合作绩效之间起中介作用，而且为部分中介作用。其中中介效应的大小为 0.16，直接效应的大小为 0.35，故假设 H11b 得到了支持与验证。

6.7.3 中介模型的构建

基于前文的假设检验结果，本书已经验证了知识转移在两种合作治理机制与合作绩效之间所存在的中介效应，即假设 H11a 和 H11b。为了更好地反映诸多潜变量在整体的关系路径(同时融入多种关系路径后)中所起的效用大小，以及观察各观测变量对于潜变量的影响程度，本书进一步利用结构方程建模的方式构建了中介模型，并对模型的拟合情况进行检验。根据前文的假设检验，本书所构建的中介模型如图 6-6 所示。为了得出更加严谨的结论，在具体研究中主要借助 SPSSAMOS 20.0 来验证所提出的结构方程模型。

表 6-43 的拟合指数反映了整个模型的运行结果。从表中可以看到该模

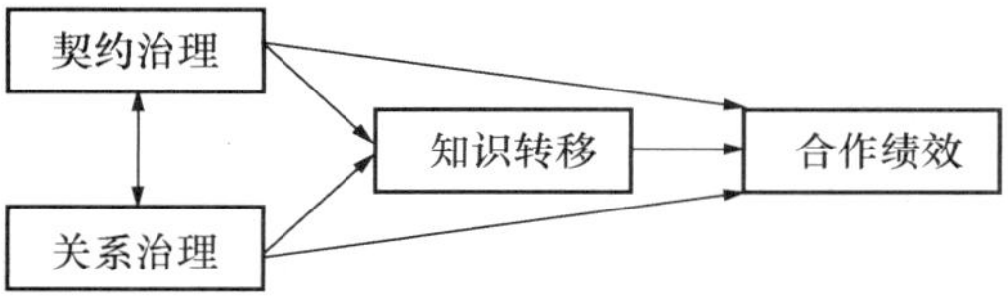

图 6-6 中介模型示意图

型的卡方与自由度之比为 1.729，符合“小于或等于 3”的标准；SRMR 值为 0.061，符合“小于或等于 0.08”的标准；RMSEA 值为 0.078，符合“小于或等于 0.10”的标准；CFI 值为 0.919，IFI 值为 0.920，TLI 值为 0.903，均符合“大于或等于 0.90”的标准。因此可以认为该结构方程模型的拟合效果较好。

表 6-43 所构建中介模型的拟合指数

CMIN/DF	SRMR	RMSEA	CFI	IFI	TLI
1.693	0.066	0.080	0.929	0.931	0.909

该中介模型的运行结果如图 6-7 所示。

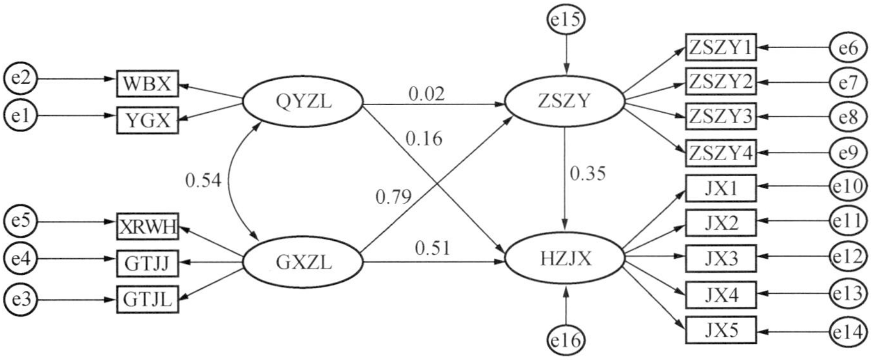

图 6-7 中介模型关系路径图

相应地，各变量间的路径系数结果见表 6-44。

表 6-44　中介模型主要变量间路径系数表

路径关系	标准化系数	C. R.	*P*
知识转移←关系治理	0.788	5.123	***
知识转移←契约治理	－0.016	－0.191	0.849
合作绩效←契约治理	0.156	2.132	0.033*
合作绩效←关系治理	0.508	2.849	0.004**
合作绩效←知识转移	0.352	2.258	0.024*

注：C. R. ＞1.96，P＜0.05，用 * 表示；C. R. ＞2.58，P＜0.01，用 * * 表示；C. R. ＞3.29，P＜0.001，用 *** 表示。

虽然本模型拟合程度较好，但是从路径系数来看，契约治理对知识转移的标准化路径系数为－0.016，并不显著。根据侯杰泰等（2004）的建议，应进一步修正已建立的结构方程模型，并删除此条路径。删除此条路径后进一步检验，模型拟合指数（表 6-45）得到了稍许的优化，最终修正后的中介模型如图 6-8 所示。

表 6-45　修正后的结构方程模型拟合指数

CMIN/DF	SRMR	RMSEA	CFI	IFI	TLI
1.670	0.066	0.079	0.930	0.932	0.912

修正后的中介模型运行结果如图 6-8 所示。

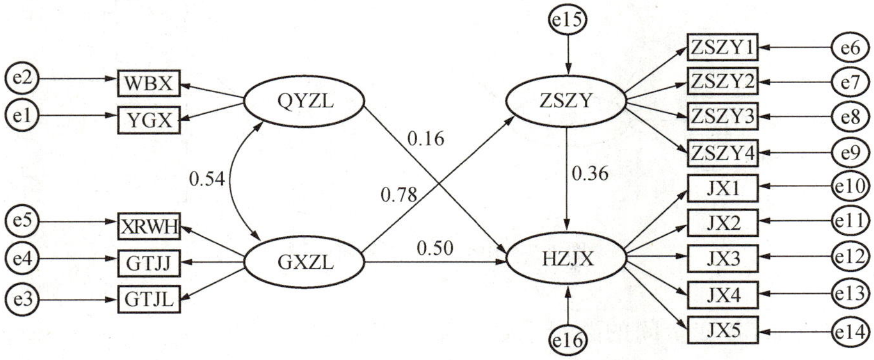

图 6-8　修正后的中介模型关系路径图

相应地，各变量间的路径系数结果见表6-46。

表6-46　修正后的中介模型主要变量间路径系数表

路径关系	标准化系数	C. R.	*P*
知识转移←关系治理	0.778	5.480	***
合作绩效←契约治理	0.158	2.151	0.031*
合作绩效←关系治理	0.502	2.885	0.004**
合作绩效←知识转移	0.358	2.348	0.019*
契约治理←→关系治理	0.537	2.807	0.005**

注：C. R. ＞1.96，P＜0.05，用 * 表示；C. R. ＞2.58，P＜0.01，用 ** 表示；C. R. ＞3.29，P＜0.001，用 *** 表示。

综上所述，本书基于知识转移在两种合作治理机制与合作绩效之间所存在的中介效应所建立起的中介模型是较为理想的，因为实际应用中几乎找不到从各个角度看都十分理想的模型。该模型较为清晰地展示了契约治理机制和关系治理机制如何通过知识转移的中介传导机制来最终影响合作绩效的，这包括实际发挥影响效应的路径以及影响效应大小等。根据中介模型的运行结果，我们可以发现无论是契约治理机制还是关系治理机制均对于推广合作绩效有显著的促进作用，且关系治理机制发挥的效用远高于契约治理机制所发挥的效用，即前文的假设H5、H6、H7得到了进一步地验证。同时，在该中介模型中，当多组关系路径同时发挥作用时，契约治理机制对于知识转移的促进作用不再显著，而关系治理机制在提升组织间知识转移有效性上作用明显。因此，基于此中介模型，我们可以大致发现在合作农业推广中关系治理机制相较于契约治理机制更具有优势。

6.8　结果讨论

本书以山东省枣庄市的108份合作农业推广项目为样本，一方面探究了合作农业推广中主体间的组织邻近性对契约治理机制和关系治理机制的影响作用;另一方面则进一步探究了两种合作治理机制对最终推广合作绩效的影响机理,取得了一些较有意义的成果。实证部分的所有假设及其验证结果汇总于表 6-47。

表 6-47　研究假设及实证检验结果汇总表

假设	假设关系	验证结果
H1a	组织邻近性对多元农业推广组织间契约的完备性有直接显著的正向影响	通过
H1b	组织邻近性对多元农业推广组织间契约履行的严格性有直接显著的正向影响	未通过
H2a	组织邻近性对多元农业推广组织间信任与关系维护有直接显著的正向影响	通过
H2b	组织邻近性对多元农业推广组织间共同解决问题有直接显著的正向影响	通过
H2c	组织邻近性对多元农业推广组织间信息沟通与交流有直接显著的正向影响	通过
H3a	环境动态性在组织邻近性和信任与关系维护之间起正向的调节作用	通过
H3b	环境动态性在组织邻近性与共同解决问题之间起正向的调节作用	通过
H3c	环境动态性在组织邻近性和信息沟通与共享之间起正向的调节作用	未通过
H4a	资产专用性在组织邻近性和信任与关系维护之间起负向的调节作用	通过
H4b	资产专用性在组织邻近性与共同解决问题之间起负向的调节作用	通过
H4c	资产专用性在组织邻近性和信息沟通与共享之间起负向的调节作用	未通过
H5	多元农业推广组织间的契约治理机制对推广合作绩效有直接显著的正向影响	通过
H5a	多元农业推广组织间契约的完备性对推广合作绩效有直接显著的正向影响	通过
H5b	多元农业推广组织间契约履行的严格性对推广合作绩效有直接显著的正向影响	未通过
H6	多元农业推广组织间的关系治理机制对推广合作绩效有直接显著的正向影响	通过
H6a	多元农业推广组织间信任与关系维护对推广合作绩效有直接显著的正向影响	未通过
H6b	多元农业推广组织间共同解决问题对推广合作绩效有直接显著的正向影响	通过
H6c	多元农业推广组织间信息沟通与交流对推广合作绩效有直接显著的正向影响	通过
H7	关系治理机制对于合作绩效的正向影响强于契约治理机制对于合作绩效的正向影响	通过
H8a	契约治理机制对多元农业推广中组织间的知识转移有直接显著的正向影响	通过
H8b	关系治理机制对多元农业推广中组织间的知识转移有直接显著的正向影响	通过
H9	关系治理机制对于知识转移的正向影响强于契约治理机制对于知识转移的正向影响	通过
H10	组织间的知识转移对多元农业推广组织间的合作绩效有直接显著的正向影响	通过
H11a	组织间的知识转移在契约治理机制与推广合作绩效之间存在中介效应	通过
H11b	组织间的知识转移在关系治理机制与推广合作绩效之间存在中介效应	通过

第一，虽然本书重点考察了非空间邻近性维度中的组织邻近性，并将样本选择固定在山东省枣庄市，以最大限度地控制地理邻近性的干扰作用，但样本中仍有约五分之一的合作推广项目是跨市/省的，故地理距离不可避免地仍会产生一定的影响作用。虽然作为控制变量对于因变量的解释程度较低，但从实证结果中我们仍可以发现一些信息：一方面，组织间地理距离越远，组织间的契约治理水平越高，这既体现在契约的完备性程度上，也体现在履行契约的严格性程度上，同时组织间的地理距离越远，组织间的信任与关系维护水平越高，实现共同解决问题的程度也越高。另一方面，组织间的地理距离越远，组织间的知识转移有效性水平越高，推广合作绩效水平越高。从学界公认的组织间较远的地理距离会带来彼此间信息不对称的角度来理解，为控制交易风险等要素，组织间契约治理水平较高可以很好理解，但是其是如何促进关系治理、知识转移和合作绩效水平的提升，仍需要展开进一步的深入讨论与研究。此外，本书设置的另一控制变量——合作技术类型无论是在检验组织邻近性对合作治理机制的影响时，还是在检验合作治理机制对合作绩效的影响时，均未呈现出统计显著性，因此就不再进行讨论。

第二，从组织邻近性对契约治理机制和关系治理机制直接影响的验证结果来看，合作主体间的组织邻近性对组织间契约的完备性程度有显著正向影响，同时组织邻近性对于组织间的关系治理机制各维度均有显著的正向影响。从总体上看，这一结果基本符合了之前的理论设想，与 Li et al (2010)、王兰(2012)所指出的中国背景下组织彼此间的依赖性程度越大、组织间文化契合度越高，会出于减少交易成本的考虑更多地选择低契约治理的观点恰好相反，这也在一定程度上反映了现阶段农业推广中的多元合作关系同单纯营利性组织间合作关系的差别。虽然组织邻近性对与两种合作治理机制均有正向促进作用，但组织邻近性对两种合作治理机制的影响机理是截然不同的，正如前文理论分析的那样，组织邻近性对契约治理机制的正向影响在一定程度上受到了现实要素的影响。此外，本书所假设的组织邻近性对项目实施中契约履行的严格性具有正向促进作用并没有通过显著性检验，可能的原因在于现今合作推广项目中（尤其是地方）有很大一部分是基于政府财政拨付的公益性推广项目，行政型农业推广组织参与其中，因此，在与其他类型推广组织合作时，出于一些目的很容易对合作推广进行一定的行政干预等，在此时契约治理所发挥的外部约束力就受到削弱，契约履行的严格性程度也就打了折扣。

第三，和前文的理论预期相同，基于组织间交易属性层面的两个重要因素——环境动态性和资产专用性，在组织邻近性与关系治理机制间起到了明显的调节效应。具体来讲，环境动态性主要起到了正向的调节效应，即在合作项目所面临的环境动态性程度越高，组织邻近性对关系治理机制的正向影响得到了一定的强化；资产专用性主要起到了负向的调节效应，即当合作项目中所投入的专用性资产较低时，组织邻近性对关系治理机制的正向影响才得到一定的强化，反之，组织邻近性所发挥的正向作用反而得到一定的削弱。此外，学界基于交易成本理论所指出的环境动态性对契约治理的负向影响和资产专用性对契约治理的正向影响也在本书的实证研究中得到了验证。

第四，从契约治理机制和关系治理机制对最终合作绩效的影响来看，前文的理论假设大多得到了验证，即当两种合作治理机制共同发挥作用时，无论是契约治理机制还是关系治理机制均对推广合作绩效有直接显著的促进作用，且关系治理机制对合作绩效的直接影响作用远高于契约治理机制。值得注意的是，分析两种合作治理机制共同对合作绩效产生的直接影响时还发现，关系治理机制对契约治理机制有着很大的替代作用，这一结论也进一步支持了薛卫等（2010a）、Betieler & Hemmert（2015）所研究发现的在产学合作、新产品研发合作等不同类型组织间合作时，关系治理机制对契约治理机制有很大程度上的替代作用的观点。具体来看,契约治理机制的契约履行的严格性维度以及关系治理机制的信任与关系维护维度对推广合作绩效有促进作用的假设均没有通过检验。契约履行严格性对合作绩效没有显著直接影响甚至有负向作用的可能原因在于,随着合作项目的进行,项目伊始所制定的契约条款有时无法解决实际运行时出现的诸多问题或者契约条款所制定的项目目标等在很大程度上脱离了实际,此时如果过分追求契约的严格执行,就会对最终的绩效产出产生负作用。此外,在中国文化背景下,若组织合作中过于追求契约履行的严格性会被视作不友善的行为举动,这也会对组织合作产生不利影响。而信任与关系维护对合作绩效没有显著直接影响的原因在于,由于我国刚刚形成多元农业推广的雏形,故现今的合作项目大多是短期的合作项目,在合作中参与各方的目的性较强,更多地属于一种短期的试探性合作状态,即合作深度不够,在这种背景下,那些较为明显的关系规范,即共同解决问题维度和信息沟通与交流维度在项目周期内可以产生更为直接实际的影响和效果,而那些较为内在的基于内在规则的信任及其外显的关系维护行为在短期内的效果可能就没有那么明显。

第五,从合作治理机制、知识转移和合作绩效三者间的关系验证来看,前文的假设都得到了验证,两种合作治理机制对知识转移的有效性都具有直接显著的正向影响,且知识转移有效性程度越高,最终的推广合作绩效越高;组织间的知识转移在契约治理机制与推广合作绩效之间起到了完全中介作用,而在关系治理机制推广合作绩效之间起到了部分中介作用。基于三者间存在的中介效应,本书进一步地通过结构方程模型建模的方式构建了相应的中介模型,呈现出契约治理机制和关系治理机制如何通过知识转移的中介传导机制来最终影响合作绩效的整体关系路径。该中介模型一方面进一步验证了在对推广合作绩效所发挥的促进作用上,关系治理机制远强于契约治理机制;另一方面则发现当多组关系路径同时发挥作用时,契约治理机制对于知识转移的促进作用不再显著,而关系治理机制在提升组织间知识转移有效性上作用明显。故可以推论在现阶段多元合作农业推广的实践中,关系治理机制比契约治理机制可以发挥更为明显的作用。从契约治理的角度分析,产生这一结果的可能原因一方面在于现今我国的农业推广组织运行体系仍是以政府为主导的,故地区性的合作推广项目中有很大一部分是基于政府财政拨付的公益性推广项目,行政型农业推广组织参与其中,因此,在与其他类型推广组织合作时,出于一些目的很容易对合作推广进行一定的行政干预等,在此时契约治理所发挥的外部约束力受到了一定程度的削弱,而另一方面在中国的“关系”文化氛围下,契约常被视为一种不信任的体现,轻契约重情面关系的思想在基层农业合作推广中体现得更为明显。从关系治理的角度分析,产生这一结果的可能原因一方面在于基层农业技术推广中更偏重于一些基础性的操作技术推广,而关系治理在这些隐形技术知识传递上的优势明显,另一方面则在于相比契约治理,关系治理所花费的实际成本更低,在中国的文化背景下,关系治理机制的作用更加得以强化。

第7章

结论与建议

通过前面6个章节的分析，围绕着合作农业推广中主体间的“组织邻近性—合作治理机制—合作绩效”这一核心分析框架，本书对于合作农业推广中主体间的组织邻近性、合作治理机制以及合作绩效的内涵维度，组织邻近性对合作治理机制的直接影响机制以及环境动态性和资产专用性在组织邻近性与关系治理之间的调节效应，合作治理机制、知识转移与合作绩效之间的中介效应关系等进行了深入系统的分析与研究。本章将针对前文的实证研究结果进行总结归纳，第一部分主要针对实证研究结果，在对具体的研究结论进行总结的基础上，提出具体的合作农业推广策略，第二部分则基于全文的研究，从长远角度出发提出了深化我国合作农业推广工作的启示建议，第三部分则提出了对未来研究的展望。

7.1 主要的研究结论及合作农业推广策略

本节主要针对前文的实证研究结果，一方面简要地展示主要的研究结论，另一方面在对相关研究结论进行总结的基础上，从短期项目实施视角出发提出具体的合作农业推广策略。

7.1.1 主要的研究结论

(1)基于合作农业推广的实践,本书研究发现合作主体间的组织邻近性仅对组织间契约的完备性程度有正向影响,这也就是说主体间的组织邻近程度越高,项目实施前所制定的契约完备性程度越高,而项目实施中契约履行的严格性程度并没有显著提升。同时,组织邻近性对于组织间的关系治理机制各维度均有显著的正向影响,也就是说主体间组织邻近程度越高,组织间关系治理的程度也就越高。具体来讲,组织间共同的属性逻辑和认知逻辑越多,一方面会提升组织间契约的完备性程度,另一方面会不断提升组织间的信任并诱发更多关系维护行为,促进组织间实现更为畅通的信息沟通与交流,驱动合作各主体共同参与解决推广中出现的各种问题。

(2)基于组织间交易属性层面的两个重要因素——环境动态性和资产专用性,在组织邻近性与关系治理机制间起到了明显的调节效应。具体来讲,环境动态性主要起到了正向的调节效应,即当合作项目所面临的环境动态性程度较高时,组织邻近性对关系治理机制的正向影响得到了一定的强化;资产专用性主要起到了负向的调节效应,即当合作项目中所投入的专用性资产较少时,组织邻近性对关系治理机制的正向影响才得到一定的强化,反之,组织邻近性所发挥的正向作用反而得到一定的削弱。此外,学界基于交易成本理论所指出的环境动态性对契约治理的负向影响作用和资产专用性对契约治理的正向作用也在本书的实证研究中得到了验证。

(3)两种合作治理机制共同发挥作用时,无论是契约治理机制还是关系治理机制均对推广合作绩效有直接显著的促进作用,即在合作推广中通过两种机制对组织间关系的治理,可以较为有效地控制各种风险要素,进而提升最终的合作绩效。但分析两种合作治理机制对合作绩效的直接影响时可以发现，关系治理机制对契约治理机制有着很大的替代作用，且关系治理机制对合作绩效的正向促进作用远强于契约治理机制。

(4)组织间的知识转移在契约治理机制与推广合作绩效之间起到了完全中介作用，而在关系治理机制推广合作绩效之间起到了部分中介作用。基于中介效应分析，本书进一步地通过结构方程模型建模的方式构建了相应的中介模型，呈现出了契约治理机制和关系治理机制通过知识转移的中介传导机制来最终影响合作绩效整体关系路径。该中介模型一方面进一步验证了在对推广合作绩效所发挥的促进作用上，关系治理机制远强于契约治理机制，另一方面则发现当多组关系路径同时发挥作用时，契约治理机制对于知识转移的促进作用不再显著，而关系治理机制在提升组织间知识转移有效性上作用明显。因此，基于此中介模型，可以大致认为在现阶段多元合作农业推广的实践中，关系治理机制比契约治理机制可以发挥更为明显的作用。

7.1.2 合作农业推广策略

以上组织邻近性、合作治理机制与合作绩效之间的关系表明，虽然在多元合作农业推广实践中实现有效的组织聚合、提升整体的推广效率是在短期内难以解决的重要课题，但是我们可以通过一定的视角来深入挖掘合作农业推广绩效的影响机制和影响效应。从短期来看，前文的实证研究结论可以为多元合作农业推广实践带来一些具体指导，这主要体现在以下三个方面。

7.1.2.1 注重组织邻近性在合作推广项目全过程中所发挥的内源性作用

在选择推广合作对象时，应从属性逻辑维度和认知逻辑维度两方面出发，慎重衡量组织间资源条件、组织结构、关系、认知方面的邻近程度，将组织邻近性作为选择合作对象的重要标准，避免在组织邻近程度较低的情况下建立起合作关系。若在合作推广项目实施中，如当外部环境动态性程度较高时，在合作的框架下不同推广组织应更加关注提升相互间的组织邻近程度，不断增加与合作伙伴间共同的属性逻辑和认知逻辑。这一方面需要在选择恰当合作对象的基础上进一步提升合作中的资源要素配置效率、组织间管理与运行的流畅性，并综合考虑项目中的专用性资产投入等要素，推动建立起更有效的合作治理机制组合，以应对推广中外部环境的变化带来的诸多风险以及潜在的机会主义行为；另一方面，由于在现今的合作推广实践中组织相互间不对称依赖程度还很高，这直接导致相互间的知识技术流向大多是单向的。这就要求一些技术水平较低的推广组织应尽可能地提升自身的能力，如对推广技术的学习能力（包括知识技术的识别、吸收、整合、应用），技术创新与发展的能力等，增加相关投入，以弥补一些组织间资源条件以及认知水平方面的差距，同时在动态的提升中也可以在未来不断匹配更高层次的合作对象，选择更加稳固的合作方式，进而通过推动组织间合作治理水平的提升来进一步实现最终合作绩效的提高。

7.1.2.2 项目实施前应综合考虑合作推广项目的属性特征，选择相匹配的合作治理机制

在实践中，任何合作推广项目都具有其特殊性，因此不存在普适的、现成的合作治理机制模式。虽然前文的实证研究结论已证明了契约治理机制和关系治理机制均可以对推广合作绩效产生正向促进作用，但是契约治理程度与关系治理程度俱强型状态并不是效率最高的治理机制组合。因此，需要合作双方首先根据具体的合作推广项目的属性特征，选择较为匹配的合作治理机制。从组织间的关系属性层面来看，组织邻近性程度越高，组织间契约完备性程度和关系治理程度都应得到一定程度的提升，但在此时还需要综合考虑相应的组织间交易属性层面的要素：当推广合作所面临的外

部环境动态性程度较高时，组织间应适当降低契约的完备性程度，并进一步提升组织间的关系治理程度；当推广合作中所需投入的专用性资产较多时，组织间应适当降低组织间的关系治理程度，并在一定程度上提升组织间契约的完备性程度。

7.1.2.3 推广项目实施过程中，相比于契约治理，应更加重视关系治理的作用

虽然契约治理机制对于知识转移的有效性、推广合作绩效的提升均有着一定的促进作用，但是同关系治理机制相比，一方面实证结果显示契约治理对于知识转移以及合作推广绩效的正向作用可以在很大程度上被关系治理所替代，在推广实践中发挥的实际效用偏低，且受有限理性的制约，制定完备性契约的成本远高于关系治理；另一方面契约治理机制在现实中作用的发挥受到很多现实因素的制掣，这是因为现今我国的农业推广组织运行体系仍是以政府为主导的，故合作推广项目中(尤其是地区性合作推广项目中)有很大一部分是基于政府财政拨付的公益性推广项目，行政型农业推广组织参与其中，因此在与其他类型推广组织合作时，出于一些目的很容易对合作推广进行一定的行政干预，在此时契约治理所发挥的外部约束力就受到削弱。因此在这种背景下，在推广项目实施过程中，在短期内为进一步提升组织间知识转移的有效性、提高最终的合作绩效，组织间可以采取一些外部激励手段来推动一些关系规范的实施，如提供诸多便利条件来增进组织间的信息沟通与交流、利用经济性手段推动组织间更高程度地实现共同解决问题、营造更为平等互惠的合作氛围等。从总体上看，在目前的推广合作项目实施中，尽可能地实现高水平的关系治理，并保持适度的契约治理水平是最为理想的状态。

7.2 深化合作农业推广工作的相关建议

基于组织邻近性、合作治理机制与推广绩效之间相互关系的分析结论无疑可以为构建新型的合作农业推广体系并进行相关的制度安排提供有益的指导。在目前我国农业推广主体间组织邻近程度较低的背景下，单纯地在项目实施中简单地去强化两种合作治理机制是难以发挥长久效用的，这就需要从更为长远的角度出发采取措施深化对现今合作农业推广体系改革，逐步提升合作农业推广的绩效产出。基于此考虑，本书主要阐述了以下四点启示和建议。

7.2.1 提升推广项目的立项水平，重视项目开发在合作农业推广中的纽带作用

基于对山东省枣庄市的实地调查发现，在现实中存在着一些这样的项目：项目立项主要来源于上级部门行政任务摊派，项目周期大多较短，以低度的合作模式为主（尤其是品种试验示范等短期市场合作方式），在项目实施中合作松散，验收也基本形式化。这种低水平合作推广项目的存在，极大地阻碍了我国农业推广效率的提升，造成了很大程度的资源浪费。因此我国的农业推广项目在立项前首先应更多地关注对服务对象需求的评估，注意创新政府支持与资助农业推广项目的内容与方式。具体来讲，除全国范围内需重点实施的专项推广项目（如测土配方施肥、良种推广等）外，市、县一级相关的政府部门，如农业局、林业局、科技局、畜牧局等，在自己权限范围内进行相关的推广项目立项时应进一步地放开实施项目“自愿申报制”，并配套地采取一些政策优惠手段鼓励组织主动申报，特别是应允许多组织

共同联合申报项目。对于这些申报项目，相关部门应组织有关领域专家进行实地评估考察，对于申报组织基本情况（包括组织推广资源、技术能力、合作经验、认知水平）、辐射用户对于推广内容的实际需求程度、推广难度与可行性、推广辐射带动范围大小等进行综合评估，并以此为依据进行相关立项，杜绝不考虑推广服务对象需求的“行政摊派式”立项行为。同时，可以根据地区实际发展需要适度拓宽推广立项的服务范围和领域，如增加家政推广、青少年教育发展、老年人群体服务等内容。推广项目立项水平的提升不仅可以提高推广的公共价值，而且也可以为合作推广提供了更大的舞台。然而仅仅提升推广项目立项水平是远远不够的，还需要加强对于合作农业推广项目运行中的外部监管，尤其是要规范合作推广项目运行层面的各项管理制度，如项目进行中的阶段性进展汇报、监测与评估，项目完成后的鉴定验收与验收后持续性跟踪评估等内容，以减少低效率运行的“伪合作”现象。

7.2.2 构建地区性的长期合作推广网络，增强推广主体间的组织邻近性

从长期来看，要建立高效运行的合作农业推广体系，提升组织彼此间的合作治理水平，最根本的问题在于从源头提升合作主体间的组织邻近性。组织邻近性的提升一方面需要组织自身的努力，对于一些技术水平较低的推广组织应尽可能地提升自身的能力，包括对推广技术的学习能力（包括知识技术的识别、吸收、整合、应用），技术创新与发展的能力等，增加相关投入，以弥补一些组织间资源条件以及认知水平方面的差距；另一方面更为重要的是应在认知到合作推广工作公共价值的基础上推动各推广主体在农业创新形成与扩散的过程中形成彼此信任、长期合作、互利互动，并不断改进和优化地区性合作农业推广网络。现今地区性农业推广项目开发中存在着

一种普遍现象:缺乏长期性规划,以即时任务为导向,项目周期短,缺乏项目支持的延续性。合作农业推广的目的不仅仅在于各具优势的多元农业推广组织参与合作,更重要的是在形成长期、稳定的合作关系结构基础上,形成地区性的合作推广网络,以更好地发挥组织聚合优势,取得“1＋1＞2”的协同效应。长期、稳定的合作推广网络形成的过程也是主体间组织邻近性逐步提升的过程,多元推广组织通过合作经验的积累会愈发提升自身的认知水平,并推动自身不断增加相应的资源要素投入、提升资源要素配置水平以匹配合作推广网络对组织的诸多要求。具体来讲,构建地区性的长期合作推广网络一方面需要围绕地区性主导农业产业的发展需求,提升合作项目的纵向深度以及支持延续性,尽可能地减少一些低度合作模式下(即短期市场合作方式,合作随着市场契约的履行而终结,如技术转让、技术咨询、委托开发、品种/技术推广试验示范等)的合作项目,对于重点技术的合作推广项目应给予长期的持续性支持;另一方面则需要进行相应的平台建设(如地区性农业推广组织数据库的搭建),在这一过程中政府不仅应投入精力建设和维护,制定相应的规则,还应当扮演起重要的“桥梁”角色,为具备较高合作潜力的组织进行牵线搭桥。

7.2.3 明确政府在合作农业推广中的角色定位,提升契约条款的约束力

组织之间的互动关系实际上是物质、能量、知识、技术、信息、人员等社会资源的交流关系,它们之间关系的协调主要就是资源分配的协调。计划经济体制下,组织系统之间通常是在行政压力下实现强迫式互动,这样容易导致组织活力衰减并使组织之间的关系恶化,难以协调。在市场经济体制下,组织系统之间的互动则主要是共同利益驱动下的自愿式互动和共同目标下的认同式互动。在现阶段,根据实地调查情况来看,运用市场机制开展

合作推广工作，更多、更成功的是企业型农业推广组织和自助型农业推广组织。

在这种背景下，相关政府部门应当在合作农业推广中扮演更多引导、协调和服务的角色。具体来讲，首先应通过更广泛的教育、评价和沟通工作，在推广系统内外部促进对推广价值的认同与传播，引导社会大众理解推广的使命和认可推广的公共价值。其次在于通过体系改革、创新推广服务方式方法等途径增强自身的推广服务能力，以适应不断发展变化的外部环境。最后则应重点突出自身的协调与服务角色，一方面要在关注对服务对象需求评估的基础上，创新支持与资助农业推广项目的内容与方式，提升立项水平，并从宏观上继续鼓励发挥自助型农业推广组织在整个农业推广体系中的纽带作用，同时突出企业型农业推广组织在配置资源中的重要地位，避免对各类推广组织尤其是非政府组织进行过多的行政干预，充分发挥其能动作用；另一方面行政型推广组织需要充当协调沟通的角色，努力将教育型、科研型、企业型、自助型等推广组织融为一体，推动构建地区性的长期合作推广网络，这就需要进一步关注相应的信息资源平台建设，利用这一平台不仅可以将分散在各个子系统的农业技术推广机构中的农业推广项目和经费进行统一协调、集中使用，而且通过相应平台（如地区性农业推广组织数据库的搭建），可以提升各类型组织间的熟悉程度，挖掘潜在的合作关系，进而提升项目资金使用效率以及项目整体运行效率。

除在合作农业推广中扮演更多引导、协调和服务的角色外，政府还应该扮演着本职的监督角色，这一角色的扮演并不代表着在合作农业推广中直接行使指令、控制，进行过多的行政干预，在市场经济体制下应以身作则，强调组织间所制定契约的作用。不仅应鼓励以契约条款为基本准则作为对合作项目实施外部监督的依据，严厉惩处制裁那些违约的投机行为，而且对那些有行政型推广组织参与的合作项目来讲，契约制定以及契约履行时也不应因有政府参与而出现怠慢，契约面前应一视同仁。在合作农业推广中，鼓励组织间完备性契约的制定、督促提升契约履行的严格性，在市场环境下最大可能地发挥契约的约束力，也应是政府所应扮演的重要角色。

7.2.4 强调组织间的关系规范，促进农业推广组织之间的柔性互动

当前中国背景下，相关法律体系和信用环境尚不完善。在现阶段的多元合作农业推广实践中，虽然组织彼此间都制定了相应的契约条款，但是通过实地调查可以发现契约治理在实际中所发挥的作用较为有限，这一方面是因为在中国的“关系”文化氛围下，契约常被视为一种不信任的体现，“轻契约重情面”的思想在基层农业合作推广中体现得尤为明显；另一方面则在于现阶段我国行政型推广组织仍占据主导地位，且地区性的合作推广项目中有很大一部分是基于政府财政拨付的公益性推广项目，行政型农业推广组织也参与其中，因此在与其他类型推广组织合作时，很容易对合作推广进行一定的行政干预等，在此时契约所发挥的外部约束力受到了一定程度的削弱。在这种背景下，在地区性合作农业推广中应更加鼓励组织彼此间关系治理机制的运用，强调组织间的关系规范，促进农业推广组织之间的柔性互动。具体来讲，由于基层农业推广工作的特殊性，首先应倡导组织间非正式沟通渠道的建立，保持窗口人员的实时联系，尤其在农业推广的一些关键节点上这种非正式信息沟通与交流就显得十分重要；其次，应采取外部激励手段提升组织在合作中的参与程度，如共同探讨和解决推广中遇到的突发状况与难题，主动咨询和听取对方的意见和建议，可在一定范围内根据外部环境的变化以及问题的反馈柔性调整某些合作的内容等；最后，应在理解推广的使命和认可推广的公共价值的基础上，倡导面对冲突矛盾时的合作信任、互惠与包容行为。组织间特定关系规范的建立反映了组织对合作伙伴的行为预期，这些柔性互动行为可以极大地促进组织间公平、信赖的合作氛

围的建立，极大地提升知识转移(尤其是隐性知识转移)的有效性，并相对地降低了组织间关系治理的成本，最终实现合作推广绩效水平的提升。

7.3 未来研究展望

(1)未来的相关研究可以进一步引入代表空间邻近性的地理邻近性变量。本书的研究重点在于推广主体间的组织邻近性在合作农业推广中所发挥的作用，将实地调查地点锁定在一个特定区域，尽可能地减少地理邻近性对于核心变量间关系的干扰。虽然将其作为控制变量来处理，但仍可以发现其对于一些变量的潜在影响。因此，在未来的研究中可以进一步引入地理邻近性，将样本数据来源范围扩大至省或者全国的范围，观察两种类型邻近性在合作农业推广实践中的交互影响和作用。值得注意的是，对于地理邻近性的衡量，也不仅仅是组织间的绝对地理距离那么简单。随着通信技术和网络技术的发展，组织间临时地理邻近性也被视作地理邻近性的重要组成部分，如何对这一维度进行恰当的衡量也是需要关注的重点问题。特别是在多元合作农业推广的实践中，出于农业的特殊性，除一些特殊的技术推广外，组织间没有必要保持实时的面对面联系，只需要在特定的农业生产阶段开展一定的合作活动即可。在这种情况下，绝对的地理邻近所发挥的优势有时并不一定那么明显。

(2)未来的相关研究还可以进一步分析组织邻近性在环境动态性、资产专用性与契约治理机制间是否起到一定的调节效应，也就是说基于组织间交易属性层面的影响要素和基于组织间关系属性层面的影响要素之间的互动关系应是未来组织间合作治理问题研究的关键，而不仅仅将研究重点过于放在两种治理机制的交互作用上。这是因为通过前文第 2 章的综述研究，我们已经可以发现一方面从不同的研究方法或研究方式入手，会得出不一样的结论，两种方法都可以在理论上讲得通，这种争论没有实际意义；另一方面单纯讨论两者的交互关系，缺乏某种价值判断，对于实践毫无意义可言。在这种背景下，对于两种合作治理机制的影响效应研究，更应该建立起一个较大的关系路径框架（如引入结构方程模型），设置一种情境，引入诸多情景变量，在这种多元化的背景下讨论和观察两种机制的交互作用，才能给予实践更多的具体指导。

参考文献

[1]Abdi M,Aulakh P. S. Do country-level institutional frameworks and interfirm governance arrangements substitute or complement in international business relationships? Journal of International Business Studies, 2012,43(5):477-497.

[2]Ambrose M,Hess R. L,Ganesan S. The relationship between justice and attitudes:an examination of justice effects on event and System-related attitudes. Organizational Behavior and Human Decision Processes,2007, 103(1):21-26.

[3]Anderson E. Two firms, one frontier: On assessing joint venture performance. Sloan Management Review,1990,31(2):19.

[4]Anderson J. C,Narus J. A. A model of distributor firm and manufacturer firm working partnerships. The Journal of Marketing, 1990, 54 (1): 42-58.

[5]Antia K. D,Frazier G. L. The severity of contract enforcement in interfirm channel relationships. Journal of Marketing,2001,65(4):67-81.

[6] Arranz N, Arroyabe J. C. F. D. Effect of formal contracts, relational norms and trust on performance of joint research and development projects. British Journal of Management,2012,23(4):575-588.

[7] Aulakh P. S, Kotabe M, Sahay A. Trust and performance in Cross-Border marketing partnerships: a behavioral approach. Journal of International Business Studies,1996,27(5):1005-1032.

[8]Balland P. A. Proximity and the evolution of collaboration networks: evidence from research and development projects within the Global Navigation Satellite System (GNSS) industry. Regional Studies, 2012, 46(6): 741-756.

[9]Baron R. M, Kenny D. The moderator-mediator variable distinction in social psychological research: Conceptual strategic and statistical considerations. Journal of Personality and Social Psychology, 1986, 51(6): 1173-1182.

[10]Bastl M, Johnson M, Lightfoot H, et al. Buyer-supplier relationships in a servitized environment: an examination with Cannon and Perreault's framework. International Journal of Operations & Production Management, 2012, 32(6): 650-675.

[11]Bentz R. P. Acquiring and managing financial resources. In: Swanson B. E, Benz, R. P, Sofranko, A. J. Improving agricultural extension: a reference manual. Rome: FAO, 1997.

[12]Blau P. M. Exchange and power in social life. New York: John Wiley, 1964.

[13]Boschma R. A. Proximity and innovation: a critical assessment. Regional Studies, 2005, 39(1): 61-74.

[14]Bradach J. L. Using the plural form in the management of restaurant chains. Administrative Science Quarterly, 1997, 42(2): 276-303.

[15]Broekel T, Boschma R. Aviation, space or aerospace? Exploring the knowledge networks of two industries in the Netherlands. European Planning Studies, 2011, 19(7): 1205-1227.

[16]Bstieler L, Hemmert M. The effectiveness of relational and contractual governance in new product development collaborations: evidence from

Korea. Technovation,2015,45-46:29-39.

[17]Burkert M,Ivens B. S,Shan J. Governance mechanisms in domestic and international buyer-supplier relationships:an empirical study. Industrial Marketing Management,2012,41(3):544-556.

[18]Cannon J. P,Achrol R. S,Gundlach G. T. Contracts,norms,and plural form governance. Journal of the Academy of Marketing Science,2000,28(2):180-194.

[19]Cantner U,Meder A. Technological proximity and the choice of cooperation partner. Journal of Economic Tnteraction and Coordination,2007,2(1):45-65.

[20]Cao Z,Lumineau F. Revisiting the interplay between contractual and relational governance: a qualitative and meta-analytic investigation. Journal of Operations Management,2015,s 33-34(1):15-42.

[21]Carrincazeaux C,Lung Y,Rallet A. Proximity and Localizationof corporate R & D Activities. Research Policy,2001,30(5):777-789.

[22]Carrincazeaux C, Lung Y, Vicente J. The scientific trajectory of the French school of proximity:interaction & Institution-Based approaches to regional innovation systems. European planning Studies, 2008, 16 (5):617-628.

[23]Carson S. J. Madhok A, Wu T. Uncertainty, opportunism and governance:the effects of volatility and ambiguity on formal and relational contracting. Academy of Management Journal,2006,49(5):1058-1077.

[24]Chen M. J. Inside Chinese business:aguidefor managers worldwide. Boston: Harvard Business SchoolPress,2001.

[25]Chen M. J,Miller D. The relational perspective as a business mindset: Managerial implications for East and West. Academy of Management

Executive,2011,25(3):6-18.

[26]Claro D. P, Hagelaar G, Omta O. The determinants of relational governance and performance: how to manage business relationships? Industrial Marketing Management,2003,32(8):703-716.

[27]Cunningham S. W, Werker C. Proximity and collaboration in European nanotechnology. Papers in Regional Science,2012,91(4):723-742.

[28]Das T. K, Teng B. S. Between trust and control: developing confidence in partner cooperation alliances. Academy of Management Review, 1998,23(3):491-512.

[29] Dess G. G, Beard D. W. Dimensions of organizational task environment. Administrative Science Quarterly,1984,29(1):52-73.

[30] Dwyer F. R, Schurr P. H, Oh S. Developing Buyer-Seller relationships. Journal of Marketing,1987,51(2):11-27.

[31] Dyer J. H, Singh H. The relational view: cooperative strategy and sources ofinterorganizational competitive advantage. Academy of Management Review,1998,23(4):660-679.

[32]Ferguson R. J, Paulin M, Bergeron J. Contractual governance, relational governance, and the performance of interfirm service exchanges: the influence of boundary-spanner closeness. Journal of the Academy of Marketing Science,2005,33(2):217-234.

[33] Foa U. G, Foa E. B. Resource theory: interpersonal behavior as exchange. In. Gergen K. J, Greenberg M. S. & Willis R. H. (Eds.), Social exchange: Advances in theory and research. New York: Plenum, 1980.

[34]Franco C, Marzucchi A, Montresor S. Absorptive capacity, proximity in cooperation and integration mechanisms: empirical evidence from CIS data. Industry and Innovation,2014,21(4):332-357.

[35]Gao Q. J,Zhang C. H. Agricultural technology extension system in China:current situation and reform direction. Management Science and Engineering,2008,2(4):47-58.

[36]Geldes C,Felzensztein C,Turkina E et al. How does proximity affect interfirm marketing cooperation? A study of an agribusiness cluster. Journal of Business Research,2015,68(2):263-272.

[37]Gencturk E. F,Aulakh P. S. Norms-and Control-Based governance of international manufacturer distributor relational exchanges. Journal of International Marketing,2007,15(1):92-126.

[38]Geringer J. M,Herbert L. Measuring performance of international joint ventures. Journal of International Business Studies,1991,22(2):249.

[39]Ghoshal S,Moran P. Bad for practice:a critique of the transaction cost theory. Academy of Management Annual Meeting Proceedings,1996,21(1):13-47.

[40]Giuliania E,Morrison A,Pietrobelli C et al. Who are the researchers that are collaborating with industry? An analysis of the wine Sectors in Chile,South Africa and Italy. Research Policy,2010,39(6):748-761.

[41]Gong Z. G. Proximity and innovation collaboration. In:Zhang S,Zhang H. Advances in Management of Technology,PT1. MARRICKVILLE:AUSSINO ACAD PUBL HOUSE,2008:30-36.

[42]Goo J,Huang C. D. Facilitating relational governance through service level agreements in IT outsourcing:an application of the commitment-trust theory. Decision Support Systems,2008,46(1):216-232.

[43]Goodman L. E,Dion P. A. The determinants of commitment in the Distributor-Manufacturer relationship. Industrial Marketing Management,2001,30(3):287-300.

[44]Grandori A. Innovation, uncertainty and relational governance. Industry & Innovation, 2006, 13(2): 127-133.

[45]Griessmair M, Hussain D, Windsperger J. Trust and the tendency towards multi-unit franchising: a relational governance view. Journal of Business Research, 2014, 67(11): 2337-2345.

[46]Gulati R. Does familiarity breed trust? The implication of repeated ties for contractual choice in alliances. Academy of Management Journal, 1995, 38(1): 85-112.

[47]Hautala J. Cognitive proximity in international research groups. Journal of Knowledge Management, 2011, 15(4): 601-624.

[48] Heide J. B, John G. Do norms matter in marketing relationships? Journal of Marketing, 1992, 56(2): 32-44.

[49]Heide J. B. Interorganizational governance in marketing channels. Journal of Marketing, 1994, 58(1): 71-85.

[50]Hewitt-Dundas N. The role of proximity in university-business cooperation for innovation. Journal of Technology Transfer, 2013, 38(2): 1-23.

[51]Hong W, Su Y. S. The effect of institutional proximity in non-local university-industry collaborations: an analysis based on Chinese patent data. Research Policy, 2013, 42(2): 454-464.

[52]Huang M. C, Chiu Y. P. Relationship governance mechanisms and collaborative performance: A relational life-cycle perspective. Journal of Purchasing and Supply Management, 2018, 24(3): 260-273.

[53]Huber T. L, Fischer T. A, Dibbern J. Governance mechanisms as substitutes and complements-a dynamic perspective on the interplay between contractual and relational governance. Springer Berlin Heidelberg,

2011(91):46-65.

[54]Huber T. L, Fischer T. A, Hirschheim J. D. R. A process model of complementarity and substitution of contractual and relational governance in IS outsourcing. Journal of Management Information Systems, 2013, 30(3):81-114.

[55]Jaworski B. J, Kohli A. K. Market orientation: antecedents and consequences. Journal of Marketing, 1993, 57(3):53-71.

[56]Joshi A. W, Campbell A. J. Effect of environmental dynamism on relational governance in manufacturer-supplier relationships: a contingency framework and an empirical test. Journal of the Academy of Marketing Science, 2003, 31(2):176-188.

[57]Joshi A. W, Stump R. L. Determinants of commitment and opportunism: integrating and extending insights from transaction cost Analysis and relational exchange theory. Canadian Journal of Administrative Sciences, 1999, 16(4):334-352.

[58]Kaiser H. F, Rice J. Little Jiffy, Mark IV. Educational and Psychological Measurement, 1974, 34(1):111-117.

[59]Kaufmann P. J, Dant R. P. The dimensions of commercial exchange. Marketing Letters, 1992, 3(2):171-185.

[60]Kaufmann P. J, Stern L. W. Relational exchange norms, perceptions of unfairness, and retained hostility in commercial litigation. Journal of Conflict Resolution, 1988, 32(3):534-552.

[61]Kirat T, Lung Y. Innovation and proximity: territories as loci of collective learning processes. European Urban & Regional Studies, 1999, 6(1):27-38.

[62]Knoben J, Oerlemans L. A. G. Proximity and inter-organizational col-

laboration: a literature review. International Journal of Management Reviews, 2006, 6(2): 71-89.

[63] Kotabe M, Martin X, Domoto H. Gaining from vertical partnerships: knowledge transfer, relationship duration, and supplier performance improvement in the U. S and Japanese automotive industries. Strategic Management Journal, 2003, 24(4): 293-316.

[64] Lee Y, Cavusgil S. T. Enhancing alliance performance: the effects of contractual-based versus relational-based governance. Journal of Business Research, 2006, 59(8): 896-905.

[65] Li J. J, Poppo L, Zhou K. Z. Relational mechanisms, formal contracts, and local knowledge acquisition by international subsidiaries. Strategic Management Journal, 2010, 31(4): 349-370.

[66] Lioliou E, Zimmermann A, Willcocks L, et al. Formal and relational governance in IT outsourcing: substitution, complementarity and the role of the psychological contract. Information Systems Journal, 2014, 24(6): 503-535.

[67] Liu T. L, Shou I. Enhancement of customer network relationship via governance mechanism of inter-organizational core resource and core knowledge strategic alliance. The Journal of American Academy of Business, 2004, 5(1/2): 220-229.

[68] Liu Y, Luo Y, Liu T. Governing buyer-supplier relationships through transactional and relational mechanisms: evidence from China. Journal of Operations Management, 2009, 27(4): 294-309.

[69] Lui S. S, Ngo H. Y. The role of trust and contractual safeguards on cooperation in Non-equity alliances. Journal of Management, 2004, 30(4): 471-485.

[70]Lumineau F, Henderson J. E. The influence of relational experience and contractual governance on the negotiation strategy in buyer-supplier disputes. Journal of Operations Management, 2012, 30(5): 382-395.

[71] Lumineau F, Malhotra D. Shadow of the contract: how contract structure shapes interfirm dispute resolution. Strategic Management Journal, 2011, 32(5): 532-555.

[72] Luo Y. Transactional characteristics, institutional environment and joint venture contracts. Journal of International Business Studies, 2005, 36(36): 209-230.

[73]Lyles M. A, Baird I. S. Performance of international joint ventures in two eastern European countries: The case of Hungary and Poland. Management International Review, 1994, 34(4): 313-329.

[74]Macneil I. R. Contracts: adjustment of Long-Term economic relations under classical, neoclassical and relational contract law. Northwestern University Law Review, 1978, 72(6): 854-905.

[75] Macneil I. R. The new social contract-an inquiry into modern contractual relations. New Haven: Yale University Press, 1980.

[76]Malhotra D, Lumineau F. Trust and collaboration in the aftermath of conflict: the effects of contract structure. Academy of Management Journal, 2011, 54(5): 981-998.

[77]Malhotra D, Murnighan J. K. The effects of contracts on interpersonal trust. Administrative Science Quarterly, 2002, 47(3): 534-559.

[78]Marek P, Titze M, Fuhrmeister C, et al. R&D collaborations and the role of proximity. Regional Studies, 2017, 51(12): 1761-1773.

[79]Marxt C, Link P. Success factors for cooperative ventures in innovation and production systems. International Journal of Production Economics, 2002, 77

(3):219-229.

[80]Masten S. Transaction costs, mistakes, and performance: assessing the importance of governance. Managerial and Decision Economics, 1993 (14):119-129.

[81]Mcgee J. E, Dowling M. J, Megginson W. L. Cooperative strategy and 77 new venture performance: the role of business strategy and management experience. Strategy Management Journal, 1995, 16(7):565-580.

[82]Mesquita L. F, Brush T. H. Untangling safeguard and production coordination effects in long-term buyer-supplier relationships. Academy of Management Journal, 2008, 51(4):85-807.

[83]Molina L. M, Llorens-Montes J, Ruiz-Moreno A. Relationship between quality management practices and knowledge transfer. Journal of Operations Management, 2007, 25(3):682-701.

[84]Moodysson J, Jonsson O. Knowledge collaboration and proximity: the spatial organization of biotech innovation projects. European Urban and Regional Studies, 2007, 14(2):115-131.

[85]Morgan R. M, Hunt S. D. The Commitment-Trust theory of relationship marketing. Journal of Marketing, 1994, 58(3):20-38.

[86]Nesta L, Saviotti P. P. Coherence of the knowledge base andthe firm's innovative performance: evidence from the U. S Pharmaceutical industry. Journal of Industrial Economics, 2005, 53(1):123-142.

[87]Noordewier T. G, John G, Nevin J. R. Performance outcomes of purchasing arrangement in industrial Buyer-Vendor relationships. Journal of Marketing, 1990, 54(4):80-93.

[88]Nooteboom B. Innovation and inter-firm linkages: new implications for policy. Research Policy, 1999, 28(99):793-805.

[89]Oerlemans L, Meeus M. Do organizational and spatial proximity impact on firm performance? Regional Studies, 2005, 39(1): 89-104.

[90] Olander H, Hurmelinna-Laukkanen P, Blomqvist K, et al. The dynamics of relational and contractual governance mechanisms in knowledge sharing of collaborative R&D projects. Knowledge & Process Management, 2010, 17(4): 188-204.

[91]Oliver C. Determinants of inter-organizational relationships: Integration and future directions. Academy of Management Review, 1990, 15(2): 241-265.

[92] Ponds R, Oort F. V, Frenken K. The geographical and institutional proximity of research collaboration. Papers in Regional Science, 2007, 86(3): 423-443.

[93]Poppo L, Zenger T. Do formal contracts and relational governance function Assubstitutes or complements? Strategic Management Journal, 2002, 23(8): 707-725.

[94]Poppo L, Zhou K. Z, Zenger T. R. Examining the conditional limits of relational governance: specialized assets, performance ambiguity, and long-standing ties. Journal of Management Studies, 2008, 45 (7): 1195-1216.

[95]Qi C, Patrick Y. K. C. Relationship and contract issues of IT Outsourcing——descriptive case studies in China regions. PACIS 2010 Proceedings, 2010(15): 797-808.

[96] Rallet A, Torre A. Is geographical proximity necessary in the innovation networks in the era of global economy? Geography Journal, 1999, 49(4): 373-380.

[97]Reuver M. D, Bouwman H. Governance mechanisms for mobile service

innovation in value networks. Journal of Business Research, 2012, 65 (3):347-354.

[98] Rothwell R. Successful industrial innovation: Critical factors of the1990s. R&D Management,1992,22(3):221-239.

[99] Ryall M. D, Sampson R. C. Formal contracts in the presence of relational enforcement mechanisms:evidence from technology development projects. Management Science,2009,55(6):906-925.

[100]Sampson R. C. Organizational choice in R & D alliances:Knowledge-based and transaction cost perspectives. Managerial and Decision Economics,2004,25(25):421-436.

[101]Sampson R. C. R & D alliances & firm performance:The impact of technological diversity and alliance organization on innovation. Academy of Management Journal,2007,50(2):364-386.

[102]Schepker D. J,Oh W. Y,Martynov A,et al. The many futures of contracts:moving beyond structure and safeguarding to coordination and adaptation. Journal of Management,2014,40(1):193-225.

[103] Sheng S, Brown J. R, Nicholson C. Y, et al. Do exchange hazards always foster relational governance? An empirical test of the role of communication. International Journal of Research in Marketing,2006, 23(1):63-77.

[104]Sheng S. B,Zhou K. Z,Li J. J,et al. Institutions and opportunism in buyer-supplier exchanges:the moderated mediating effects of contractual and relational governance. Journal of the Academy of Marketing Science,2018,46(6):1014-1031.

[105]Sugandhavanija P,Sukchai S,Ketjoy N,et al. Determination of effective university industry joint research for Photovoltaic Technology Transfer (UI-

JRPTT) in Thailand. Renewable Energy,2011,36:600-607.

[106] Swanson B. E, Samy M. M. Developing an extension partnership among public, private and nongovernmental organizations. Journal of International Agricultural and Extension Education,2002,9(1):5-10.

[107] Szulanski G. Exploring internal stickiness: Impediments to the transfer of best practice within the firm. Strategic Management Journal,1996,17(S2):27-43.

[108]Teixeira A. A. C,Santos P,Brochado A. O. International R&D cooperation between low-tech SMEs: the role of cultural and geographical proximity. European Planning Studies,2008,16(6):785-810.

[109] Tepic M, Omta O. S. W. F, Trienekens J. H, et al. The role of structural and relational governance in creating stable innovation networks: Insights from sustainability-oriented Dutch innovation networks. Journal on Chain & Network Science,2011,11(3):197-211.

[110]Tiwana A,Keil M. Does peripheral knowledge complement control? An empirical test in technology outsourcing alliances. Strategic Management Journal,2007,28(6):623-634.

[111]Tiwana A. Systems development ambidexterity:Explaining the complementary and substitutive roles of formal and informal controls. Journal of Management Information Systems,2010,27(2):87-126.

[112]Torre A,Gilly J P. On the analytical dimension of proximity dynamics. Regional Studies,2000,34(2):169-180.

[113]Uzzi B. Errata:social structure and competition in interfirm networks: the paradox of embeddedness. Administrative Science Quarterly, 1997,42(2):35-67.

[114]VanWijk,Jansen J. J. P,Lyles M. A. Inter- and Intra-Organizational

knowledge transfer: a Meta-Analytic review and assessment of its antecedents and consequences. Journal of Management Studies, 2008, 45 (4): 830-853.

[115] Vandaele D, Rangarajan D, Gemmel P, et al. How to govern business services exchanges: contractual and relational issues. International Journal of Management Reviews, 2007, 9(3): 237-258.

[116] Wang L, Yeung J. H. Y, Zhang M. The impact of trust and contract on innovation performance: the moderating role of environmental uncertainty. International Journal of Production Economics, 2011, 134(1): 114-122.

[117] Webster F. E. The changing role of marketing in the corporation. Journal of Marketing, 1992, 56(4): 1-17.

[118] Williamson O. E. Markets and hierarchies. New York: The Free Press, 1975.

[119] Williamson O. E. Opportunism and its critics. Managerial & Decision Economics, 1993, 14(2): 97-107.

[120] Williamson O. E. The economic institutions of capitalism. New York: Free Press, 1985.

[121] Williamson O. E. The Mechanisms of Governance. New York: Oxford University Press, 1996.

[122] Williamson O. E. Transaction-Cost economics: the governance of contractual relations. The Journal of Law & Economics, 1979, 22(2): 233-261.

[123] Wuyts S, Geyskens I. The formation of Buyer-Supplier relationships: detailed contract drafting and close partner selection. Journal of Marketing, 2005, 69(4): 103-117.

[124]Xia D, Lee G. Grasping the complexity of information systems development projects: a taxonomy and assessment. Communications of the ACM, 2004, 47(5), 69-74.

[125]Yang Z, Su C, Fam K. S. Dealing with institutional distances in international marketing channels: governance strategies that engender legitimacy and efficiency. Journal of Marketing, 2012, 76(2): 41-45.

[126]Yang Z, Zhou C, Jiang L. When do formal control and trust matter? A context-based analysis of the effects on marketing channel relationship in China. Industrial Marketing Management, 2011, 40(1): 86-96.

[127]Yu C. M. J, Liao T. J, Lin Z. D. Formal governance mechanisms, relational governance mechanisms, and transaction-specific investments in supplier-manufacturer relationships. Industrial Marketing Management, 2006, 35(2): 128-139.

[128]Zeller C. North Atlantic innovative relations of Swiss pharmaceuticals and the proximities with regional biotech arenas. Economic Geography, 2004, 80(1): 83-111.

[129]Zhang Q, Zhou K. Z. Governing interfirm knowledge transfer in the Chinese market: the interplay of formal and informal mechanisms. Industrial Marketing Management, 2013, 42(5): 783-791.

[130]Zhou K. Z, Poppo L, Yang Z. Relational ties or customized contracts? An examination of alternative governance choices in China. Social Science Electronic Publishing, 2008, 39(3): 526-534.

[131] Zhou K. Z, Poppo L. Relational contracts in China: relational governance and contractual assurance. Insti, 2005(9): 1-35.

[132]Zhou K. Z, Xu D. How foreign firms curtail local supplier opportunism in China? Detailed contracts, centralized control, and relational gov-

ernance. Journal of International Business Studies, 2012, 43(7): 677-692.

[133] Zollo M, Reuer J. J, Singh H. Interorganizational routines and performance in strategic alliances. Organization Science, 2002, 13(6): 701-713.

[134][美]奥利弗·E. 威廉姆森. 资本主义经济制度. 段毅才,王伟,译.北京:商务印书馆,2002.

[135][美]彼得·M. 布劳. 社会生活中的交换与权力. 张非,张黎勤,译. 北京:华夏出版社,1987.

[136][美]斯蒂芬·P. 罗宾斯. 组织行为学. 第十版. 孙健敏,李原,译. 北京:中国人民大学出版社,2005.

[137]曹静,范德成,唐小旭. 产学研结合技术创新绩效评价研究. 科技进步与对策,2010,27(7):114-119.

[138]曹兴,宋长江. 认知邻近性、地理邻近性对双元创新影响的实证研究. 中国软科学,2017(4):120-131.

[139]陈灿. 国外关系治理研究最新进展探析. 外国经济与管理,2012,34(10):74-81.

[140]陈建勋,凌媛媛,王涛. 组织结构对技术创新影响作用的实证研究. 管理评论,2011,23(7):62-71.

[141]陈顺宇. 多变量分析. 台北:华泰书局,2004.

[142]陈旭. 企业间合作关系治理的理论研究——基于过程与结构的治理设计[博士学位论文]. 哈尔滨:哈尔滨工业大学,2010.

[143]初大智,胡子云. 多维邻近性对科研合作质量影响研究——以广东生物技术为例. 北京理工大学学报:社会科学版,2016,18(5):67-74.

[144]邓娇娇. 公共项目契约治理与关系治理的整合及其治理机制研究[博士学位论文]. 天津:天津大学,2013.

[145]刁丽琳．产学研合作契约类型、信任与知识转移关系研究[博士学位论文]．广州：华南理工大学，2013.

[146]高孟立．合作创新中机会主义行为的相互性及治理机制研究．科学学研究，2017，35(9)：1422-1433.

[147]高启杰．多元化农业推广组织发展研究．技术经济与管理研究，2010(5)：127-130.

[148]高启杰，等．农业推广组织创新研究．北京：社会科学文献出版社，2009.

[149]高启杰，董杲．合作农业推广中组织邻近性对合作绩效的影响．华南农业大学学报：社会科学版，2016，15(1)：10-19.

[150]高启杰，姚云浩，董杲．合作农业推广模式选择的影响因素分析——基于组织邻近性的视角．农业经济问题，2015a(3)：47-53.

[151]高启杰，姚云浩，马力．多元农业技术推广组织合作的动力机制．华南农业大学学报：社会科学版，2015b，14(1)：1-7.

[152]高启杰，姚云浩．合作农业推广绩效评价指标体系设计及应用研究．中国农业大学学报，2015，20(4)：231-238.

[153]高启杰，姚云浩．农业科技产学合作绩效评价研究．广东农业科学，2013，40(25)：76-81.

[154]侯杰泰，温忠麟，成子娟，等．结构方程模型及其应用[M]．北京：教育科学出版社，2004.

[155]侯琳，周青，毛崇峰．制度邻近性对技术标准合作绩效的影响研究——基于闪联案例的分析．科学与管理，2012(2)：35-39.

[156]黄秀娟，王文烂．农业技术推广及其绩效评价研究述评．台湾农业探索，2011(5)：36-41.

[157]焦豪．企业动态能力、环境动态性与绩效关系的实证研究．软科学，2008，22(4)：112-117.

[158]黎振强，王英．地理邻近性与认知邻近性对创新绩效的影响分析——基于知识获取的中小高新技术企业的实证研究．求是学刊，2015，42(6)：39-46.

[159]黎振强．多维邻近性对创新绩效的影响效应分析．内蒙古社会科学：汉文版，2014，35(4)：104-108.

[160]李琳，韩宝龙．组织合作中的多维邻近性：西方文献评述与思考．社会科学家，2009(7)：108-112.

[161]李琳，雒道政．多维邻近性与创新：西方研究回顾与展望．经济地理，2013，33(6)：1-7.

[162]李琳．多维邻近性与产业集群创新．北京：北京大学出版社，2014.

[163]李玲．技术创新网络中企业间依赖、企业开放度对合作绩效的影响[J].南开管理评论，2011，14(4)：16-24.

[164]李随成，杨婷．研发合作企业间知识共享与合作绩效的关系[J].科技进步与对策，2007，24(10)：180-184.

[165]李随成，杨婷．知识共享与组织学习对供应链企业间研发合作绩效的影响研究[J].科技进步与对策，2009，26(10)：97-103.

[166]李维生．我国多元化农业技术推广体系的构建．中国科技论坛，2007(3)：109-113.

[167]李宪松，王俊芹．基层农业技术推广行为综合评价指标体系研究．安徽农业科学，2011(3)：1834-1835.

[168]李晓春．农业技术推广效果评价研究[硕士学位论文].杨凌：西北农林科技大学，2007.

[169]李新荣．基于集对分析的高校产学研合作项目绩效评价方法与模型研究．科技管理研究，2013，33(2)：85-88.

[170]李运河．关系治理、知识转移与联盟绩效作用机制研究——以供应商联盟为例[博士学位论文].武汉：武汉大学，2010.

[171]李争鸣．农业大学农业推广组织模式创新研究——基于中国农业大学曲周农业推广的实践[博士学位论文]．北京：中国农业大学，2012.
[172]梁永宽．项目管理中的合同治理与关系治理——基于建设项目业主与承包商的实证研究[博士学位论文]．广州：中山大学，2008.
[173]廖西元，申红芳，朱述斌，等．中国农业技术推广管理体制与运行机制对推广行为和绩效影响的实证——基于中国14省42县的数据．中国科技论坛，2012(8)：131-138.
[174]林庆藩，余建辉．农业企业特征对校企技术合作绩效的影响研究．福建农林大学学报：哲学社会科学版，2012，15(6)：45-49.
[175]林盛杰，张家皋．谈“产学研合作”质量评估体系的建立．宁波大学学报：教育科学版，2000，22(5)：28-31.
[176]刘光哲．多元化农业推广理论与实践的研究[博士学位论文]．杨凌：西北农林科技大学，2012.
[177]刘文霞，王永贵，赵宏文．合作治理机制对服务外包供应商创新能力的影响机理研究——基于在华服务外包企业的实证分析．北京工商大学学报：社会科学版，2014，29(3)：65-72，97.
[178]娄迎春，李琦．基于平衡计分卡的基层农技推广机构绩效评价体系设计．中国农技推广，2009(12)：8-11.
[179]卢兵，廖貅武，岳亮．组织的知识转移分析．科研管理，2007，28(6)：22-30.
[180]卢谢峰，韩立敏．中介变量、调节变量与协变量——概念、统计检验及其比较[J]．心理科学，2007，30(4)：934-936.
[181]罗必良．经济组织的制度逻辑．太原：山西经济出版社，2000.
[182]罗珉，王雎．组织间关系的拓展与演进：基于组织间知识互动的研究．中国工业经济，2008(1)：40-49.
[183]骆亚卓．合同治理与关系治理及其对建设项目绩效影响的实证研究

[博士学位论文]. 广州:暨南大学,2011.
[184]毛崇峰,龚艳萍,周青. 组织间邻近性对技术标准合作绩效的影响研究——基于闪联的案例分析. 科学管理研究,2012a,30(2):104-108.
[185]毛崇峰,龚艳萍,周青. 认知邻近性对横向技术标准合作的影响研究. 自然辩证法研究,2012b,28(9):45-49.
[186]毛崇峰,龚艳萍,周青. 认知邻近性对纵向技术标准合作的作用分析. 科技与管理,2012c,14(5):35-38.
[187]潘文安,张红. 供应链伙伴间的信任、承诺对合作绩效的影响[J]. 心理科学,2006,29(6):1502-1506.
[188]秦黎. 组织关系视角下的跨组织信息系统理论探索. 商场现代化,2006(1):30-32.
[189]任强. 企业跨组织合作互动与合作创新绩效的关系研究. 湖北文理学院学报,2012,33(8):69-72.
[190]荣泰生. AMOS与研究方法. 重庆:重庆大学出版社,2009.
[191]邵法焕. 我国农业技术推广绩效评价若干问题初探. 科学管理研究,2005,23(3):80-82,120.
[192]申红芳,王志刚,王磊. 基层农业技术推广人员的考核激励机制与其推广行为和推广绩效——基于全国14个省42个县的数据. 中国农村观察,2012(1):65-79.
[193]石书玲. 当代企业组织结构变革的基本趋势. 天津商学院学报,2002,22(2):20-23.
[194]苏时鹏,郑逸芳,黄森慰. 基于DEA-Tobit模型的农业科技推广服务效率研究——对福建省306个农业科技推广项目的实证分析. 技术经济,2011,30(9):90-95.
[195]王承哲. 企业间合作绩效影响因素实证研究[硕士学位论文]. 杭州:浙江大学,2006.

[196]王浩，梁耀明．产学研合作绩效评价研究综述[J]．科技管理研究，2011，31(11)：55-61.

[197]王兰．VC-E合作治理机制与技术创新绩效关系研究[博士学位论文]．重庆：重庆大学，2012.

[198]王兴平，冯淼，顾惠．城际创新联系的尺度差异特征分析——以长三角核心区为例．东南大学学报：哲学社会科学版，2015，17(6)：108-116.

[199]温忠麟，侯杰泰，张雷．调节效应与中介效应的比较和应用．心理学报，2005，37(2)：268-274.

[200]吴明隆．问卷统计分析实务——SPSS操作与应用．重庆：重庆大学出版社，2010.

[201]谢恩，孙瑾，林立韵．基于联盟过程的战略联盟控制方式互动关系分析．科学学与科学技术管理，2009，30(9)：103-108.

[202]谢志宇．产学合作绩效影响因素研究[硕士学位论文]．杭州：浙江大学，2004.

[203]徐彬，段晓明．农业科技成果推广绩效实证研究．西南农业学报，2011，24(3)：1188-1190.

[204]薛卫，曹建国，易难，等．企业与大学技术合作的绩效：基于合作治理视角的实证研究．中国软科学，2010a(3)：120-132，185.

[205]薛卫，易难，曹建国，等．产学合作中组织学习中介效应的实证研究．科学学与科学技术管理，2010b，31(4)：28-35.

[206]严玲，史志成，严敏，等．公共项目契约治理与关系治理：替代还是互补？土木工程学报，2016，49(11)：115-128.

[207]杨雷．跨组织合作中知识流的速率与合作绩效研究[硕士学位论文]．成都：西南财经大学，2011.

[208]叶选挺，刘云，王文平．基于知识生产函数的国际科技合作计划项目

绩效评价研究．兵工学报，2009，30(S1)：51-55.
[209]袁静，毛蕴诗．产业链纵向交易的契约治理与关系治理的实证研究．学术研究，2011(3)：59-67.
[210]苑鹏，国鲁来，齐莉梅．农业科技推广体系改革与创新．北京：中国农业出版社，2006.
[211]曾德明，任浩，戴海闻，等．组织邻近和组织背景对组织合作创新地理距离的影响．管理科学，2014，27(4)：12-22.
[212]张昌松，鲁若愚，阎虹，等．大学-企业合作创新选择因素分析．软科学，2002，16(1)：85-88.
[213]张闯，夏春玉，梁守砚．关系交换、治理机制与交易绩效：基于蔬菜流通渠道的比较案例研究．管理世界，2009(8)：124-140，156.
[214]张光磊，刘善仕，申红艳．组织结构、知识转移渠道与研发团队创新绩效——基于高新技术企业的实证研究．科学学研究，2011(8)：1198-1206.
[215]张蕾，陈超，朱建军．基层农技员推广行为与推广绩效的实证研究——基于农户视角的调查．南京农业大学学报：社会科学版，2010，10(1)：14-20.
[216]张淑云．多元化农业推广组织协同运行机制研究——基于河北省梨产业技术推广调查[博士学位论文]．保定：河北农业大学，2011.
[217]张文明，钟平英，刘飞翔．基于农户视角的农业科技推广绩效评价体系设计——以武平县17个乡镇农技机构为例．云南农业大学学报：社会科学版，2014，8(2)：14-20，31.
[218]郑传斌，丰景春，鹿倩倩，等．全生命周期视角下关系治理与契约治理导向匹配关系的实证研究——以PPP项目为例．管理评论，2017，29(12)：258-268.
[219]郑丽景，龙勇．不同动机下联盟能力、治理机制与联盟绩效关系的比

较．经济管理，2012，34(1)：153-163.

[220]郑莉．比较社会交换理论与理性选择理论的异同——以布劳、科尔曼为例．学术交流，2004(1)：108-113.

[221]周青，侯琳，毛崇峰．制度邻近性对高新技术企业合作创新的作用路径研究．科技进步与对策，2013，30(10)：1-4.

[222]朱铭．基于相对闲置资源的企业合作创新项目绩效影响因素分析[硕士学位论文]．杭州：浙江大学，2006.

附录

调查问卷

调研时间：______年______月______日

尊敬的女士/先生：

您好！这是一份匿名的课题研究问卷，目的在于研究多元农业推广组织合作问题。我们保证对您的回答完全保密并只用于学术研究，以后的分析中不会提及您和您所在单位的真实名称，请您在百忙之中抽出一些时间，认真填写此问卷。对您的支持与配合致以诚挚的谢意！

填写说明：每题只选一个答案，在选定的答案上画“√”或涂黑。

第一部分　组织与合作项目背景资料

Q1. 贵单位名称：____________________；成立时间：__________年

若是企业： 性质为：□国有企业；□集体所有；□股份制企业；□私营企业；□其他________ 上一年度年销售收入______万元；研发经费：______万元；推广服务经费：______万元 若是合作社或协会： 主营业务：__________；服务对象数量：________户；注册资金：________万元

Q2. 贵单位员工总人数为________人；农业技术推广人员数量为________人，其中拥有中、高级职称的推广人员数为：________人

Q3. 贵单位近期(三年内)完成的合作推广项目名称为：__________

(以下题目均针对该合作项目！)

Q4. 合作对象为：______________________________(□同市；□同省不同市；□不同省)；

Q5. 合作推广项目期为：______年______月至______年______月

Q6. 合作推广总费用：__________万元；合作人员总数：__________人

Q7. 合作具体方式(可多选)：□技术转让 □技术入股 □技术咨询 □技术承包 □委托销售 □人才培养与交流 □联合攻关/推广(项目推广) □共建基地 □共建实体 □内部一体化(如自建企业/研发中心、组织间合并等) □其他____________________

Q8. 合作技术属性：□公共技术推广(用户不交钱) □准公共技术推广 □私人技术推广

第二部分　主观测量表

Q9. 贵单位与该对象建立合作关系的时间为__________年

注:分值1～5表示:您认为题项中描述的内容与贵单位合作项目实际情况的符合程度

1＝完全不符合　2＝不太符合　3＝一般　4＝较符合　5＝完全符合

1. 组织资源邻近					
ZY1:贵单位拥有充足的金融资源	1	2	3	4	5
合作单位拥有充足的金融资源	1	2	3	4	5
双方金融资源拥有量相近	1	2	3	4	5
ZY2:贵单位拥有充足的物质资源	1	2	3	4	5
合作单位拥有充足的物质资源	1	2	3	4	5
双方物质资源拥有量相近	1	2	3	4	5
ZY3:贵单位拥有充足的人力资源(数量、质量、带头人)	1	2	3	4	5
合作单位拥有充足的人力资源(数量、质量、带头人)	1	2	3	4	5
双方人力资源(数量、质量、带头人)拥有量相近	1	2	3	4	5
ZY4:贵单位在业内有着丰富的推广手段和关系网络资源	1	2	3	4	5
合作单位在业内有着丰富的推广手段和关系网络资源	1	2	3	4	5
双方推广的渠道资源拥有量相近	1	2	3	4	5
2. 组织结构邻近					
JG1:贵单位具有较大的管理幅度(一个主管有效指导下属的数量)	1	2	3	4	5
合作单位具有较大的管理幅度	1	2	3	4	5
双方组织的管理幅度较为相近	1	2	3	4	5

续表

3. 组织关系邻近					
GX1:合作双方存在着特殊的关系历史(如一方从另一方中改制而来)或者曾经保持了较为长久的合作关系	1	2	3	4	5
GX2:组织内的个体成员(特别是中、高层管理者)与合作方有较为紧密的联系	1	2	3	4	5
4. 组织认知邻近					
RZ1:双方在合作目标、前景上总保持一致	1	2	3	4	5
RZ2:双方可以较好地理解对方的各种行为,接受对方的处事方式	1	2	3	4	5
RZ3:双方有着较为相似的价值观念和利益取向	1	2	3	4	5
5. 资产专用性					
ZYX1:合作推广中投入了许多专用性的物质资源(如配套技术设施、设备与工具等)	1	2	3	4	5
ZYX2:合作推广中投入了许多富有价值的知识技术专利与成果	1	2	3	4	5
ZYX3:合作推广中投入了许多时间、资金为相关推广人员进行知识技术培训	1	2	3	4	5
6. 环境动态性					
DTX1:用户相关的技术需求难以预测	1	2	3	4	5
DTX2:推广的竞争对手对于合作推广项目有很大影响	1	2	3	4	5
DTX3:合作推广的技术内容更新换代的速度很快	1	2	3	4	5
7. 契约治理					
WBX1:契约主要依据合作推广项目的特点而订立	1	2	3	4	5
WBX2:契约中有明确的合作目标与产出规定	1	2	3	4	5
WBX3:契约中有明确的资源投入和任务流程规定	1	2	3	4	5
WBX4:契约中有明确的知识共享边界规定(包括技术成果、产权、专利使用规定和相应的保密规定等)	1	2	3	4	5
WBX5:契约中明确规定了相应的风险应对措施(包括契约中止、契约变更、违约处理、合作冲突解决等)	1	2	3	4	5
YXX1:双方以契约规定来维持合作关系	1	2	3	4	5
YXX2:契约是约束双方行为、化解冲突分歧的最有力工具	1	2	3	4	5
YXX3:双方的违约成本很高	1	2	3	4	5

续表

8. 关系治理					
XRWH1:双方均认可彼此的声誉及在其领域内的综合实力	1	2	3	4	5
XRWH2:双方在合作中可以主动履行自身的责任与承诺	1	2	3	4	5
XRWH3:双方积极、公正地解决相互间的冲突与矛盾	1	2	3	4	5
GTJL1:双方建立起多种信息往来的渠道与方式	1	2	3	4	5
GTJL2:双方利用非正式渠道沟通与交流的频率很高	1	2	3	4	5
GTJL3:双方可以主动及时地告知彼此项目运行的准确信息	1	2	3	4	5
GTJJ1:双方可以根据外部环境的变化、问题的反馈柔性调整合作的内容、方向与重心	1	2	3	4	5
LHJJ2:双方可以主动咨询和听取对方的意见和建议	1	2	3	4	5
LHJJ3:双方可以共同探讨和解决推广中遇到的突发状况与难题	1	2	3	4	5
9. 知识转移					
ZSZY1:合作中许多无法书面化的技术操作经验在彼此间得到了较好的共享	1	2	3	4	5
ZSZY2:合作中一些书面化的技术操作指南、手册等在彼此间得到了较好的共享	1	2	3	4	5
ZSZY3:合作中相关知识技术在彼此间的转移速度较快	1	2	3	4	5
ZSZY4:合作中在彼此间转移共享的新知识占得比重较大	1	2	3	4	5
10. 合作绩效					
JX1:合作的预期目标基本实现	1	2	3	4	5
JX2:双方愿意继续长期合作下去	1	2	3	4	5
JX3:合作提升了双方的推广效率,节约了相关的成本费用	1	2	3	4	5
JX4:合作使双方从事农业推广人员的综合素质有所提升	1	2	3	4	5
JX5:用户对合作推广感到很满意	1	2	3	4	5

填表人姓名:__________;职务:__________;联系方式:__________